【公孫策說歷史故事（二）】

大對決

秦末真假英雄的權謀與爭霸

公孫策

〈總序〉三十本經典，一千個故事

經典之所以為經典，因為它的價值歷久不衰。例如我們對經典老歌，總能哼上幾句；對經典名句（如「多行不義必自斃」等）也能琅琅上口。可是一聽到「四書五經」、「經史子集」，大多數人都會敬而遠之。

原因之一，是我們對經典的整理工作，做得太少了。宋朝朱熹注解《四書》，就是一種整理工作，也的確讓《四書》普及於當時的一般人。清朝蘅塘退士輯《唐詩三百首》、吳氏兄弟輯《古文觀止》，也都是著眼於「經典普及化」的整理工作。然而，中華民國建國一百年了，卻未見值得稱道的經典整理作品。

另一個原因，是考試成了教育的唯一目的。於是，凡考試不考的，學生當然就不讀。這不能怪學生，也不能怪老師，事實上大家都為了考試心無旁騖。而那些對經典充滿使命感的大人們，只好規定一些必考的經典。其結果是，學生為了考試，讀了、背了，考完就忘了，而且從此痛恨讀經，視經典為洪水猛獸或深仇大恨——經典反成了學生心目中的「全民公敵」！

城邦出版集團執行長何飛鵬兄對中國經典有他的使命感，城邦也出版了很多「經典整理」的書籍，如：〈中文經典100句〉、〈經典一日通〉等系列。飛鵬兄建議我「以三十本經典為範疇，寫至少一千個故事」，取材標準則是「好聽的故事、經典的故事、有用的故事」。

於是我發願以四年時間，寫完一千個故事，而且每天一個故事（周休二日），在城邦集團的「POPO原創」網站發表。

也就是說，這一個系列嘗試以「說故事」的形式，將經典整理成能夠普及大眾的版本。不是「概論」，也不是「譯本」，而是故事書。然為傳承經典，加入「原典精華」，讓讀者又不僅僅是看故事書而已。

公孫策

二〇一一年秋

目錄

秦失其鹿

楚漢爭霸

帝國永續

〈代序〉人・文・史・地

這是「公孫策說歷史故事」系列的第二本，這一本沒有插畫，卻加入了地圖。只因為這一段「秦失其鹿，天下共逐之」的歷史，透過司馬遷的文學筆法，那些英雄人物的個性與故事情節之精采，已經深著人心，插畫反而是畫蛇添足了。

反而是這場逐鹿大戲中一堆地名，都是二千多年前的地名，總是令人看得霧煞煞，但卻是故事中的重要元素。所以必須加上現地名對照，再輔以簡易地圖，這對弄清當時形勢，及瞭解決策背景大有幫助。

這也是「公孫策說歷史故事」朝向電子書發展的嘗試之一——電子書不僅僅是將紙本書籍數位化，可以放在手持裝置上閱讀而已。電子書應該將文字、圖片（包括照片、插畫、地圖）、聲音（包括音樂、說書、演講）、影像（包括影片、動畫）統合起來，使得知識內容的呈現方式立體化。以歷史故事書來說，則可以將「人、文、史、地」等元素都揉進內容裡。

以本書為例，一位重要英雄人物是張良，唐代的詩仙李白有一首五言詩〈經下邳圯橋懷張子房〉：

子房未虎嘯，破產不為家。
滄海得壯士，椎秦博浪沙。
報韓雖不成，天地皆振動。
潛匿遊下邳，豈曰非智勇。
我來圯橋上，懷古欽英風。
惟見碧流水，曾無黃石公。
嘆息此人去，蕭條徐泗空。

假設你正在看《唐詩三百首》，看到這首詩。誰是張子房？誰是滄海君？誰是黃石公？下邳、徐州、博浪沙又在哪裡？張良為什麼要傾家蕩產收買殺手刺殺秦始皇？圯橋上又發生過怎樣的事？一堆問題都得去注釋裡找答案，卻只能看到極簡單的說明。算了，這首詩跳過去不看了。

可是電子書不一樣，凡是「擋路」的生澀字、人名、地名，乃至典故，手指頭點一下就會跳出注音、注釋、以及故事，甚至可以聽古詩吟誦、看歷史劇的片段⋯⋯。看完，點一下又回到《唐詩三百首》。這就是我所謂的「人、文、史、地」揉在一塊。

雖然，眼前這本書還是紙本，仍請讀者體會我們的用心。至少，本書已選擇了重點（地圖），將之納入書中。

公孫策

二〇一二年秋

大對決

楔子

公元前二百六十年，趙國的首都邯鄲（今河北省邯鄲市）。

這裡曾經是六國合縱抗秦的重心，可是隨著縱約瓦解，秦軍東侵日甚一日，邯鄲失去了繁華，卻增添了危機。

對商人而言，管他什麼危機，動盪不安反而處處機會。陽翟（韓國首都，今河南省禹州市）來的大商人呂不韋，就在這個瀰漫危機氣息的城市，挖掘到了稀世奇珍——秦國送來趙國的人質公子楚。

子楚是秦昭王的孫子，全名是嬴異人（秦王室姓嬴）。秦昭王是戰國後期最雄才大略的君王，秦國削平六國的大小戰爭，有一半以上是他在位時發動的。子楚是他一大堆庶孫當中的一個，被送去趙國當人質，以示友好。但是這個人質是「預算」要被犧牲的，因為秦昭王絕不可能為了他而不攻趙。

趙國當然也知道這個人質沒有實質意義，卻還不能不接受——不接受人質，莫非主動要求開戰？

於是乎，子楚的日子乃注定了不好過：秦國不重視他，所以物質上不優裕；趙國不放心他，所以行動上也不方便。

可是呂不韋在他身上看到了機會，不惜工本的幫子楚去秦都咸陽（今陝西省西安市與咸陽市之間）活動，成了華陽夫人的嫡子。

華陽夫人是秦太子安國君的愛妻。重點在於安國君無子，一旦秦昭王駕崩，太子繼位，就得在一堆昭王的孫子當中，立一位太子。

事實上，子楚被接受的機會不大，因為他之所以被送出去當人質，就是由於他在宮中、朝中都沒有奧援，換句話說，有靠山的公子很多，而子楚的競爭力薄弱。

風險很高，但呂不韋仍然傾注一搏，因為他看到了超級巨大的利潤——不止投資一個落難王孫，而是著眼於一個超級強國。

秦國自商鞅變法，已經實施了一百年的新政：授田給小家庭，人民為自己的田耕作，而不再是為領主耕田；平民打仗立功可以封爵，提升社會地位由庶民成為貴族，這兩項制度使得秦國民富兵強。再加上統一度量衡、統一貨幣、法律公平，充分運用了人性，從而使得秦國的制度成為他國人民嚮往的一種制度。而關中地區水利發達，物產豐饒，商鞅立下的嚴刑峻法，使得國內「道不拾遺，山無盜賊，家給人足」（《史記．商君列傳》），這在兵連禍結的戰國時代，簡直就是天堂。因此使得諸侯怕死了強秦，但是在天下庶民心目中，秦國卻「四海歸心」。

簡單說，秦國將一統六合，已是必然的結果。所以，投資一個秦國的國君，等於賺到「全天下」。

呂不韋在咸陽的遊說工作大成功，華陽夫人正式收子楚為嫡子。

隔年，秦將白起在長平擊潰趙軍，坑殺趙國降卒四十萬人，這是結束戰國的關鍵一役，從此秦軍所向披靡。

又隔年，子楚的愛姬在邯鄲生了個兒子，取名嬴政。這位愛姬原本是呂不韋家中的舞伎，送給子楚時已懷有身孕，所以嬴政應該是呂不韋的骨肉。

嬴政三歲那一年，秦軍又包圍邯鄲。趙王要殺子楚，呂不韋花了六百斤黃金收買趙國守衛，將子楚偷偷送回咸陽。

嬴政八歲那一年，秦昭王駕崩，安國君即位成為秦孝文王，華陽夫人成為王后，而子楚被立為太子。趙國又因呂不韋的遊說，將子楚的妻兒送回秦國。

秦孝文王即位不到一年就死了，子楚繼位為莊襄王，嬴政立為太子，呂不韋被任命為丞相，封文信侯。

莊襄王也只當了三年秦王就去世，嬴政即位為秦王，那一年他才十三歲。

呂不韋被秦王政尊為相國，號稱仲父。他頓時成為當時全中國最有權勢的人，他的投資大成功，美夢成真，雖然最後未得善終。

呂不韋的下場且不表，他的骨肉秦王政成為最後收成者：不但收成了親爹呂不韋苦心孤詣的投資，而且收成了秦國自商鞅變法以來的富強成果——削平六國，一統六合，建立了中國第一個中央集權的帝國。

戰國時代結束了，理論上應該是一個承平時代的開始。但事實不然，一個更全面性的戰亂局面隨之而來，一個個英雄豪傑乘勢而起。有創造時勢的真英雄，也有時勢造就的假英雄，更多的是徒有英雄之姿、缺乏英雄之質的狗熊。

本書故事就從這裡開始。

秦失其鹿

1、秦始皇

秦王政統一天下之後，自認為功業超過了三皇五帝，因此將稱號改為皇帝。自己是「始皇帝」，以後的皇帝則二世、三世……一直排下去，直到千年萬世。

然而，秦始皇並非膚淺的只想到國祚綿延，他想的是真正的萬世太平，所以他推動了一個偉大的帝國藍圖。從他在琅邪臺勒石立碑的碑文，可以看到這個「理想國」的大概：

【原典精華】

……皇帝之功，勸勞本事。上農①除末②，黔首③是富。普天之下，摶心揖志④。器械一量⑤，同書文字。……應時動事，是維皇帝。匡飭異俗，陵水經地⑥。憂恤黔首，朝夕不懈。除疑定法，咸知所辟⑦。……節事以時，諸產繁殖。黔首安寧，不用兵革。六親相保，終無寇賊。驩⑧欣奉教，盡知法式。……

——《史記．秦始皇本紀》

簡單說，秦始皇本人勤於政事，是歷史上數一數二的。他每天批閱公文要用秤來稱重量，不達到一定重量，就不休息。他一切施政都是為了讓百姓富足，包括書同文、車同軌、統一度量衡都是為了全天下人的方便。他在另一個碑文上稱頌自己的最得意政績是：隳（音「揮」，毀除）壞城郭，決通川防，移去險阻。也就是免除戰國時的關卡抽稅、壟斷水利，並克服地形限制、興闢交通——這樣一個中央集權帝國，去除了大部分諸侯割據的不便，為工商業起飛排除了阻礙，那正是當時中國社會迫切需要的。

①上：同「尚」。上農：鼓勵農業生產。
②末：指商業。除末：抑制商人。
③黔：黑色。黔首：貴族與士人戴冠，百姓露出黑色頭髮，稱黔首。
④摶：同「團」。揖：通「集」。摶心揖志：團結一致。
⑤器械一量：指統一度量衡。
⑥陵水經地：不辭跋涉山水，巡行各地。
⑦辟：同「避」。
⑧驩：同「歡」。

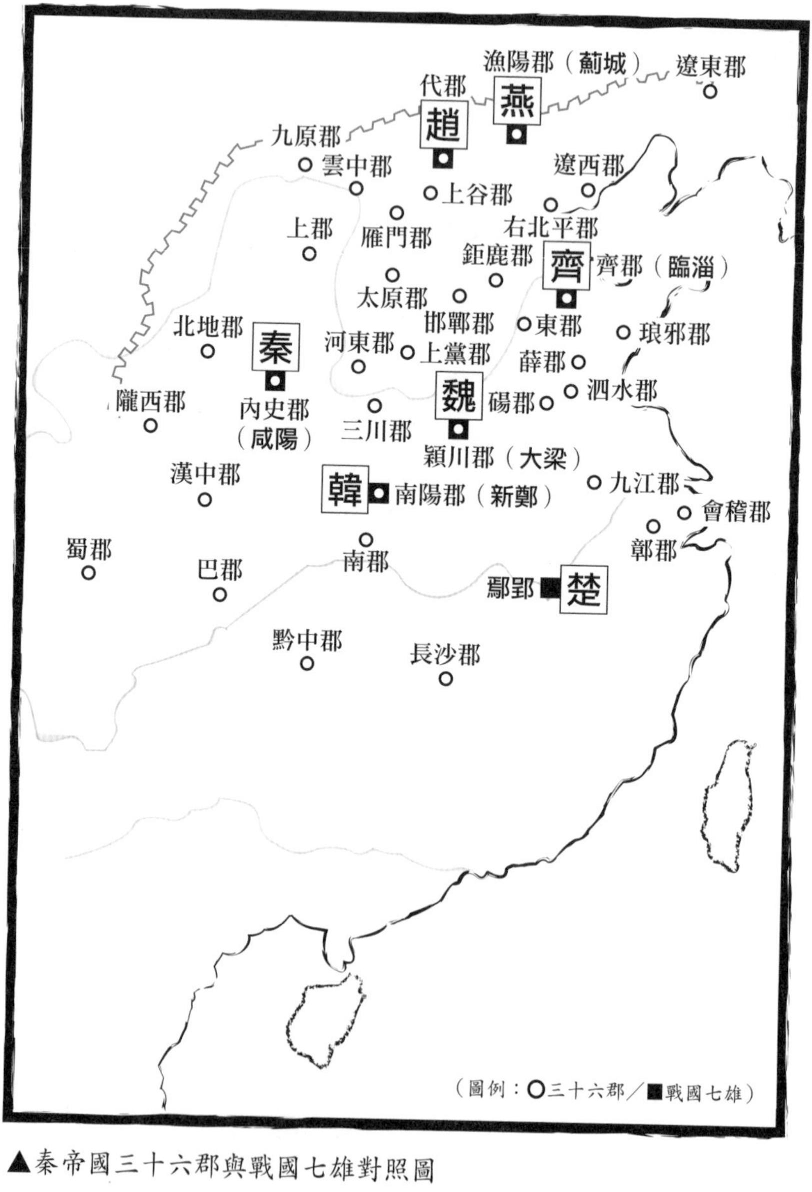

▲秦帝國三十六郡與戰國七雄對照圖

為了確保將來「不用兵革」，秦始皇大公無私的廢除了封國，也就是他的兒子、秦國王室貴族都不再有封地食邑：將全國分為三十六個郡，郡政府設守（行政長官）、尉（司法長官）、監（監察官），郡以下設縣，由縣令、縣尉管理眾人之事，也就是人民不再受貴族奴役，貴族與官吏都領政府的俸祿，郡縣官吏直屬中央。如此設計是為了避免諸侯戰爭，當然不是為了黔首人權。

另外，他將天下兵器通通收集到首都咸陽，銷熔後，鑄成十二座「金人」，每個都重三十四萬斤，高五丈，腳長六尺。以及將天下豪富十二萬戶遷至咸陽，還將各地的豪傑之士通通遷移到咸陽，就近看管。

做了這麼多措施之後，天下應該太平了吧！如果還有人有非分之想，那就是「賊寇」，就該以嚴刑峻法治之。

為了鎮壓「非分之想」，秦始皇巡行天下，重點在南方的故楚國、東方的故齊國，刻意盛大排場，讓人民看看始皇帝的威風。

孰料，巡行天下非但對天下太平毫無助益，反而開啟了天下大亂的禍端。

2、海上仙山

秦始皇向東巡行，除了宣示皇帝威風之外，另一個目的是：期待能見到傳說中的海上仙山。

早在戰國時期，齊國、燕國就流傳：東方海上有三座神山，齊威王、齊宣王與燕昭王都曾派人入海尋找這三座神山。三座神山，分別是蓬萊、方丈與瀛洲，位在渤海之中，順風時船隻可達。

曾經有人到過那三座神山，諸仙人與不死之藥都在島上，那裡的禽獸全都是白色，島上以黃金、白銀裝飾宮闕。還沒到的時候，三座神山望之如雲（在天山）；到了前面，三座神山卻都在水中；船一靠近常常就被風吹走，因此罕有人上得去。

如此傳說，令戰國雄主都私心羨慕，到了秦始皇時，方士幾乎個個都會講「三座神山」的事，秦始皇也都給了他們要求的船隻與童男女，結果卻都是「因為風向不利，看見而登不上去」。

最會說仙山故事的一名方士名叫徐福，他出海回來向秦始皇報告：「我遇見海中大神，他問我：『你是西方皇帝的使節嗎？』我說『是』，他問『你要求什麼？』，我說要求延年益壽藥。那海中大神說：『你們秦王的禮物太輕了，只能給你看看，不能讓你取回。』於是讓我上到蓬萊山，看見巨大靈芝形成的宮闕，有一位使者全身泛漾銅色光澤，外形如一條龍，我向他下拜後問：『需要送什麼禮物？』海神說要童男童女以及各種工藝品。」

秦始皇聽了這番「神之話」，龍心大悅，下令搜求民間童男童女三千人，外加五穀種子、百工製品出海。

徐福的船隻到達一個有平原、有大湖的地方，就留在那裡，自立為王。傳說那就是日出之地——日本。

被搶走孩子的老百姓因為悲痛思念骨肉，十家當中有六家起而反抗暴政。

【原典精華】

（秦始皇）使徐福入海求神異物，還為偽辭曰：「臣見海中大神，言曰：『汝西皇①之使邪？』臣答曰：『然。』『汝何求？』曰：『願請延年益壽藥。』神曰：『汝秦王之禮薄，得觀而不得取。』即從臣東南至蓬萊山，見芝成宮闕，有使者銅色而龍形，光上照天。於是臣再拜問曰：『宜何資以獻？』海神曰：『以令名②男子若振女與百工③之事，即得之矣。』」

秦皇帝大說，遣振男女④三千人，資之五穀種種百工而行。徐福得⑤平原廣澤，止王不來。於是百姓悲痛相思，為亂者十家而六⑥。

——《史記·淮南衡山列傳》

三千個家庭的六成就是一千八百戶，一千八百戶人家當然造不了大秦帝國的反，大秦帝國事實上是亡於秦始皇自己的疑神疑鬼。

①西皇：東方海神看秦始皇是「西方的皇帝」。
②令名：良家。
③百工：各種專業工匠。
④振男女：童男女。
⑤得：到達。
⑥十家而六：十個家庭中有六個（造反）。

3、熒惑守心

秦始皇的功業確實前無古人，可能就是因為如此，他對個人壽命與帝國緜祚，幾近瘋狂追求；對他個人權勢與帝國的威脅，則幾近瘋狂的必除之而後快。

他巡行東海岸、派徐福出海之後，轉向南方，渡過淮水、長江，到了衡山。在湘江遇到暴風雨，差點翻船。船上人說是「湘君顯靈」。

始皇問隨行的博士：「湘君是什麼神？」

博士們說：「傳說是堯的女兒，舜的妻子，葬在江邊山上。」

秦始皇因為湘君膽敢與他作對而發怒，派了三千名刑徒（做苦工的囚徒）將湘山上的樹木砍光，再放一把火，燒得湘山一片通紅。

【原典精華】

乃西南渡淮水，之衡山、南郡。浮江至湘山祠，逢大風，幾不能渡。

上問博士曰：「湘君何神？」

對曰：「聞之：堯女、舜妻，葬此。」

始皇大怒，使刑徒三千人皆伐湘山樹，赭①其山。

——《資治通鑑・秦紀二》

方士盧生從東海回來，帶回一本《錄圖書》，類似讖緯預言之書，其中記載「亡秦者胡也」。為此，秦始皇派將軍蒙恬發兵三十萬人，北伐胡人（匈奴）。

蒙恬將匈奴趕到北方大漠，黃河以南（當時黃河流經甘肅、陝西、山西北方）乃併入大秦帝國版圖。蒙恬更將戰國時秦、趙、燕等國長城連接起來，築成中國第一條「萬里長城」——西起臨洮，西至遼東。

數年後，發生了一個罕見天象：熒惑守心。

熒惑就是火星，所謂「熒惑守心」是指：火星靠近「心宿二」（二十八宿中東方七宿的主星），而且往來徘徊。火星與心宿二都是紅色，都主「火」。兩顆紅星在蒼穹相依相逐，古人認為是天下將陷入戰火之兆。（二〇〇一年就出現這個天象，當年發生了九一一事件，然後美國攻打伊拉克。）

同一年，有一顆殞石墜落在東郡（今河南省、山東省交界地帶），當地老百姓在上頭刻字「始皇死而地分」。

秦始皇派司法官員去查這件事，沒有人承認，於是將殞石墜落地點附近的老百姓全部殺掉（！），並且銷毀殞石。

那一年秋天，有使者在華陰道上，遇到一個人，手拿一塊璧玉交給使者，說：「幫我交給滈池君。」又說：「祖龍今年死亡。」

「滈池君」指的是周武王，因為武王建都滈京（即咸陽），暗示秦始皇的暴政將跟商紂王一樣下場。

「祖」是始，「龍」是天子，「祖龍」指的當然就是秦始皇。

使者將璧玉帶回咸陽報告，秦始皇默然不語許久，然後說：「那是山神，山神只知道一年的事情。」意思是「山神說了超過他法力的事情，所以不準的啦」。

秦始皇再讓管皇宮庫房的官員檢視那塊璧玉，赫然是上次巡行天下時，在湘江遇到風

①赭：赤色。形容火燒山一片通紅。

雨，拋下江中祭神的那一塊璧玉。

【原典精華】

三十六年，熒惑守心。有墜星下東郡，至地為石，黔首或刻其石曰「始皇帝死而地分」。始皇聞之，遣御史逐問，莫服，盡取石旁居人誅之，因燔銷其石。

……

秋，使者從關東夜過華陰平舒道，有人持璧②遮使者曰：「為吾遺滈池君。」因言曰：「今年祖龍死。」使者問其故，因忽不見，置其璧去。使者奉璧具以聞。始皇默然良久，曰：「山鬼③固不過知一歲事也。」使御府視璧，乃二十八年行渡江所沈璧也。

——《史記．秦始皇本紀》

隕石上的刻字，強烈的讓人感受到：老百姓期待秦始皇死掉，那可就不是一千八百戶人家的事了。同時間，已經有人在精密規劃一樁行刺秦始皇的行動。

②璧：美玉。

③山鬼：山神，古人神鬼同義。

4、博浪椎

在秦始皇權力巔峰時候，膽大包天設計刺殺秦始皇，這個人想像中應該是個身材魁梧的英雄好漢吧？

但不是。

司馬遷如此描述他：

【原典精華】

余以為其人計①魁梧奇偉，至見其圖，狀貌如婦人好女②。

——《史記・留侯世家》

這個人就是張良。

張良的祖父、父親都是故韓國的宰相，服事過五位國君。秦國滅韓時，張良家裡供使喚的僮僕就有三百名。

韓國滅亡，張良散盡家財，在東海地方結識一位異人滄海君，滄海君幫張良找到一位大力士，又為大力士訂製了一百二十斤重的大鐵椎。張良打聽到秦始皇出巡的路線，帶著那位大力士，在博浪沙埋伏。可惜「誤中副車」，沒有行刺成功。

秦始皇赫然震怒，下令全國大搜索，限期緝拿刺客。張良如何躲過秦帝國的天羅地網，不得而知，但已可看出他機智過人。

這一椎，椎起了秦始皇的危機意識。他在遍求海上仙人及長生仙藥之餘，下令加速驪山陵墓工程。

秦始皇初即位時，就開始營造他的陵墓，派工人穿鑿驪山。等到他吞併天下，下令將天下刑徒都送來咸陽，共約七十餘萬人，一部分去修築長城，大部分就在咸陽建築阿房宮或在驪山挖墓穴。

①計：猜想。
②好：同「妙」。好女：美女。

始皇陵向地下挖掘，一共打穿三層地下泉水層，然後鑄銅塞住泉眼，確保墓穴乾燥。（其實這不是最好的方法，另開水路疏導才能確保墓穴不滲水。）墓室內設置宮殿、百官辦公場所，擺設各種奇珍異寶。命工匠製作機關弩箭，有人企圖進入就會發射弩箭。又以水銀模擬百川江河大海，用機械力讓水銀流動。墓室上方做成天文星辰，地面做成九州地形。以人魚的脂肪製成蠟燭，認為可以點燃久久不滅。（「人魚」是一種有四足的魚，會發出如小兒啼聲，有人附會說是娃娃魚。但娃娃魚是淡水魚，而古書中說的人魚產自東海。）

【原典精華】

始皇初即位，穿治酈山，及并③天下，天下徒④送詣七十餘萬人，穿三線⑤，下銅而致槨，宮觀百官奇器珍怪徙臧⑥滿之。令匠作機弩矢，有所穿近者輒射之。以水銀為百川江河大海，機相灌輸，上具天文，下具地理。以人魚膏為燭，度不滅者久之。

——《史記．秦始皇本紀》

長城、阿房宮、驪山陵三項巨大工程，被認為是秦帝國引起民怨的最大罪狀，而當秦始皇開始懼怕死亡，他的死期也就不遠了。

③并：同「併」。
④徒：刑徒，受刑人。
⑤穿三線：鑿穿三層地下水層。
⑥臧：同「藏」。

5、秘不發喪

秦始皇最後一次出巡，隨行包括左丞相李斯和他的小兒子嬴胡亥。回程走到平原津（山東、河北交界的黃河渡口），秦始皇生病了，而且病得很重。

由於秦始皇一向非常忌諱談論「死」這件事情，所以群臣沒有人敢討論這件事，當然更不敢向他請示皇位繼承問題。

秦始皇本人心裡明白，這次大概不行了，於是寫了一封璽書給遠戍北方的長子扶蘇：「到咸陽參加我的喪禮，並負責下葬事宜。」扶蘇之前由於勸諫「坑儒」，被老爹貶去北方，跟蒙恬一同防禦匈奴，這封璽書等於指定扶蘇為皇位繼承人。

所謂璽書，就是蓋上皇帝玉璽的書信。秦始皇這封璽書已經封了口，尚未用印，擺在「中車府」（等同皇帝出巡時的行動秘書室）等待用印，而中車府令（主管）是宦官趙高。

渡過黃河，走到沙丘宮（故趙王行宮，在今河北省），始皇駕崩了。丞相李斯認為，

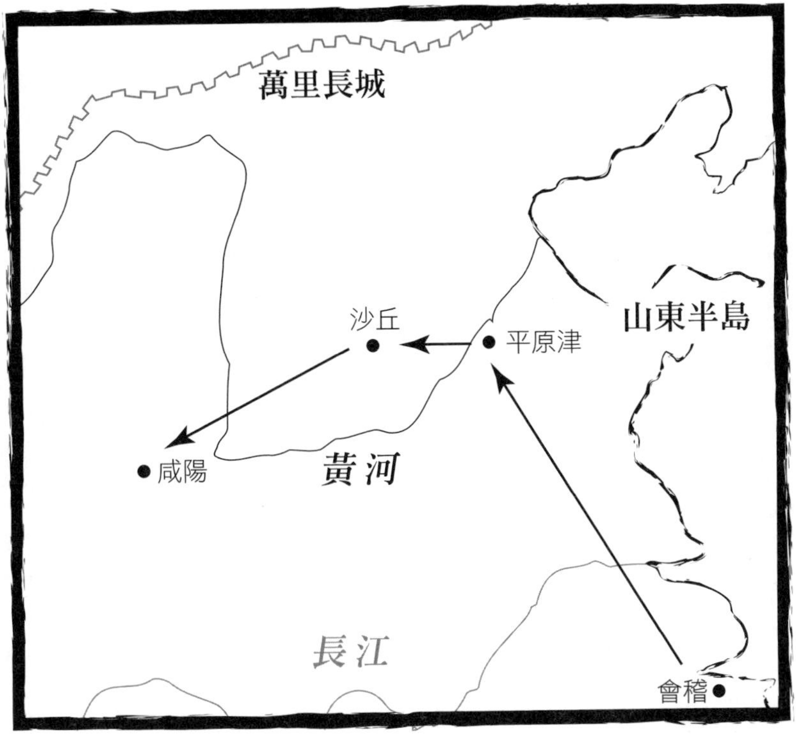

▲秦始皇病逝趕回咸陽

皇帝在首都之外死亡，一怕諸公子爭位，二怕天下聞訊生變，於是跟趙高商量，暫時封鎖皇帝死訊，兼程趕回咸陽。

這件事情只有胡亥、李斯、趙高與少數親近的宦官知道，每天膳食照常供應，百官奏章照常批閱（那個時代沒有紙筆，批示也是用刀刻個記號，沒有御筆筆跡的問題）。始皇的屍體發臭，怕人聞出來，於是下令每輛車都要載一石鮑魚——大家一起臭。

【原典精華】

上病益甚，乃為璽書賜公子扶蘇曰：「與喪會咸陽而葬。」書已封，在中車府令趙高行符璽事所，未授使者。七月丙寅，始皇崩於沙丘平臺。丞相斯為上崩在外，恐諸公子及天下有變，乃秘之，不發喪。棺載轀涼車①中，故幸宦者參乘，所至上食。百官奏事如故，宦者輒從轀涼車中可其奏事。獨子胡亥、趙高及所幸宦者五六人知上死。……會暑，上轀車臭，乃詔從官令車載一石鮑魚，以亂②其臭③。

——《史記．秦始皇本紀》

途中，趙高問李斯：「閣下自認為功勞比蒙氏兄弟如何？」李斯說：「不及他們。」趙高說：「一旦扶蘇即位，蒙恬一定會當上丞相，閣下就準備下台鞠躬吧！眼前擺著一位皇子胡亥，我們何不擁立他？」於是李斯與趙高合謀，進行「政變」。

李斯與趙高私自銷毀秦始皇給扶蘇的信，由李斯偽造了一份始皇遺詔，立胡亥為太子。另外發一份詔書給扶蘇與蒙恬，說：「扶蘇和蒙恬帶領數十萬軍隊戍守邊疆，十餘年沒有尺寸之功，反而屢次上書誹謗我（以往的勸諫變成誹謗）。扶蘇為人子而不孝，賜劍以自裁。蒙恬輔佐扶蘇，不匡正他的言行，為人臣不忠，賜死。軍隊交給王離。」

使者送達詔書，扶蘇流著淚要自殺。蒙恬提醒扶蘇：「安知其非詐？應該再做一次請示，如果是真，再自裁不遲。」

可是李斯派來的使者一再催促兩人自殺，扶蘇個性軟弱，就自殺了。蒙恬不肯死，使者就將他逮捕，就地監禁。

蒙恬是中國首先發明毛筆的人，他和哥哥蒙毅都受到秦始皇的最高信任，蒙恬統兵在外，蒙毅在皇帝身邊參謀。

有一次，趙高犯案，蒙毅受命查案，擬了死罪，可是秦始皇認為趙高辦事敏捷，免他一死，從此趙高與蒙氏兄弟結仇。

嬴胡亥繼位為秦二世，原本念及蒙氏兄弟功在國家，想要赦免蒙恬，可是趙高進讒：「蒙毅曾經不止一次建議要冊立『賢太子』。」這一傢伙將蒙氏兄弟打成了「扶蘇派」，秦

---

①轀涼車：有窗戶的大車。
②亂：混淆。
③臭：氣味。

二世於是下令誅殺蒙氏兄弟。

然後將秦始皇葬入驪山陵，嬴胡亥下令：「先帝後宮女子，沒生兒子的，一律殉葬。」有人說「工匠都知道墓內機關」，因此在葬禮完畢之後，將陵墓的主通道封閉，外門也封閉，所有工匠與施工人員通通封閉在裡頭，一個都沒有出來。然後在墓外種樹，使陵墓外觀與山林景象融合，完全看不出來。

最後這一段記載，現在看起來是「抹黑」，因為秦始皇陵墓內並未發現活人殉葬證據。但無論如何，嬴胡亥當上了皇帝，而帝國交到他手上，卻應了那句「亡秦者胡」讖言：不是「胡人」，而是「胡亥」！

6、鴻鵠之志

秦二世登基後，由於這個皇帝位子得來不正，所以加強白色恐怖統治，首都咸陽徵調五萬衛士。另一方面卻還要學他老爹的樣，巡行天下，同時加速進行阿房宮工程，大過其皇帝之癮。咸陽那麼多軍隊、刑徒都要吃飯，糧食全得由天下郡縣供應。老百姓苦於納糧與各種差役之外，為了防備北方民族（匈奴），秦政府更大量徵調人民服兵役，戍守重要軍事據點。民間勞動力愈益減少，差役、兵役愈益增加，苛捐雜稅只增不減……革命的環境成熟，秦帝國的天下猶如一堆乾柴，只等誰來點火。

秦始皇以為，收盡天下兵器就可以消除作亂的工具，但是他低估了民怨的爆發力，一旦忍耐超過限度，竹竿、鋤頭一樣可以造反。而他沒有想到的是，咸陽聚集的七十萬「驪山徒」，以及各郡縣輪流徵調的戍卒，給了這些老百姓有行萬里路的機會（勝過讀萬卷書，不是嗎？）。那一梯次接著一梯次的驪山徒，等於一次大規模的「大串連」，讓那些庶民開了眼界，增長了見聞，回家鄉有很多聽來的故事可以吹牛……。就是這樣的社會背景，讓一個高壓封閉的社會，充滿了「火種」——胸有大志，卻無後顧之憂的無產階級。

率先起而抗暴的就是一位戍卒，他的名字叫做陳勝。

陳勝年輕時當人家的耕田佣工，休息時，一群耕佣在壟上聊天，陳勝對伙伴說：「我將來若是富貴了，絕對不會忘記你們。」

同伴們笑他：「你只是一個耕佣，還肖想要富貴？」

同伴們的訕笑不是沒有道理。在此之前，庶民階級與貴族階級之間的鴻溝大到無法跨越，經過戰國時代的大洗牌，仍然只有寒士可以「布衣致卿相」，或是像呂不韋那樣以鉅商致卿相。像陳勝這種沒讀過書、又沒本錢營商的下層無產階級，想要「翻身」，真是比登天還難。

可是陳勝不是一位普通的下屬無產階級，他對同伴說：「你們這些小雀、小鳥，怎麼能瞭解鴻鵠的志向呢？」

【原典精華】

陳涉①少時嘗與人庸耕，輟耕之壟上，悵恨久之，曰：「苟富貴，無相忘。」庸者②笑而應曰：「若為庸耕，何富貴也？」陳涉太息③曰：「嗟乎，燕雀安知鴻鵠之志哉！」

——《史記．陳涉世家》

燕雀無法瞭解鴻鵠的志向，這個比喻出自《莊子》的寓言，陳勝應該不可能讀過《莊子》，推測這是司馬遷的文學筆法。司馬遷讓這句名言出自陳勝之口，描繪出一個不平凡的佣農，由於他胸有大志，才可能幹出後來那一番大事。

①陳勝字「涉」，《史記》中稱他陳涉。
②庸：通「傭、佣」。庸者：指陳勝的耕佣伙伴。
③太息：長嘆。

7、篝火狐鳴

陳勝與友伴吳廣一同被編入遠戍漁陽（今河北省密雲縣）的隊伍，同行九百人。一路行軍到大澤鄉（今安徽省宿州市境內），天降大雨，道路不通，計算日程，幾可確定不能準時抵達報到。

陳勝與吳廣擔任屯長（相當領隊），兩人私下算計：「秦帝國法令嚴酷，延誤戍期是唯一死刑。於今之計，去報到必死，逃亡也死，造反也不過一死。橫豎都是死，不如為奪取天下而死。」

這種思考，一般安分守己的老百姓是不會有的，只有像陳勝這種心懷「鴻鵠之志」的「一般老百姓」才可能這樣思考。

陳勝更不是一般土匪，只想占山為王。他說：「天下苦於秦始皇苛政已久，我聽說秦二世並非嫡長，不該他當皇帝，該繼位的是公子扶蘇。扶蘇在人民心目中有賢良之名，只

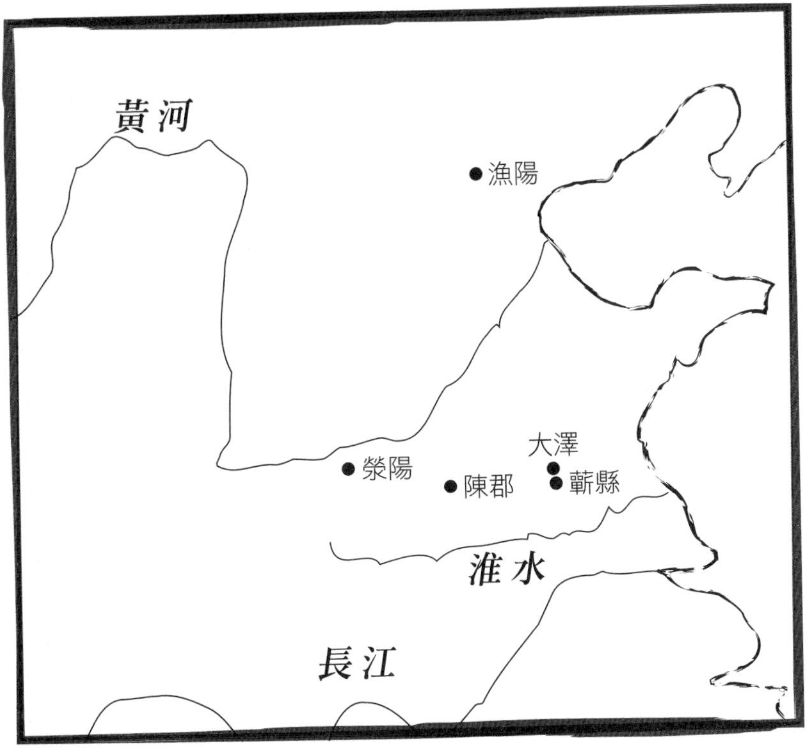

▲陳勝吳廣起義

因為多次進諫，才被派去邊疆督軍。如今他並沒有犯罪，卻被二世殺死，人民對此質疑。此外咱們都是楚人，項燕是故楚國的大將，非常愛護士卒，楚人都敬愛他。楚國亡時，有人說他戰死了，但也有一說他逃亡未死。我們起義，應該以公子扶蘇與項燕為號召，天下人必定會響應。」

吳廣同意陳勝的說法，於是請卜者占卜，卜者瞭解他們的心意，說：「你們心想的事一定會成功，而且是成大功。然而，你們是不是考慮一下，借助鬼神的力量？」

陳勝、吳廣聞言大喜，曉得這樣可以更堅定眾人信心。於是想出一計：在布帛上以紅色顏料書寫「陳勝王」，然後放進漁人網中的一條魚腹中，戍卒買魚烹食，發現魚腹中有「紅字天書」，爭相傳觀，人人驚異。吳廣又在營地附近的樹神廟，夜裡派人搖晃燈籠，發出狐狸叫聲，聲音彷彿「大楚興，陳勝王」。戍卒夜半聞聲見火光，為之驚恐。天亮醒來，傳言紛紛，人人對陳勝側目而視。

【原典精華】

乃行卜。卜者知其指意，曰：「足下事皆成，有功。然足下卜之鬼乎！」陳勝、吳廣喜，念鬼，曰：「此教我先威眾耳。」乃丹書帛曰「陳勝王」，置人所罾①魚腹中。卒買魚烹食，得魚腹中書，固以怪之矣。又閒令②吳廣之次所③旁叢祠④中，夜篝火⑤，狐鳴呼曰「大楚興，陳勝王」。卒皆夜驚恐。旦日，卒中往往語，皆指目陳勝。

——《史記．陳涉世家》

經過這番裝神弄鬼，陳勝遂有了「天意」加持，該是採取行動的時候了。

①罾：音「增」，一種方形漁網。
②閒：同「間」。閒令：私下教人。
③次：駐紮。次所：宿營地。
④叢祠：楚人祭祀樹神的廟。
⑤篝：音「溝」，燈籠。篝火：搖晃燈籠，飄忽似鬼火。

8、將相本無種

吳廣平素人緣很好，同行戍卒很多人稱呼他「吳叔」，也很願意聽他的話行事。吳廣既然決心造反，對於同伴響應頗有信心，但是必須除去帶領戍卒的軍官。他趁那位帶隊軍官喝醉時，以言語激怒他，軍官拔劍要砍吳廣，可是酒醉抓不穩劍，吳廣奪劍殺了那軍官。陳勝也起身加入，殺了兩位副帶隊官。

幹了大事之後，陳勝、吳廣召集全體同伴，說：「咱們遇到大雨，延誤報到日期，論罪當斬。即使不斬，戍守北方邊疆，十個當中也要死去六、七個。男子漢大丈夫，不死則已，要死也該死得轟轟烈烈，是吧！誰說王侯將相是憑血統決定的呢？」

【原典精華】

召令徒屬①曰：「公等遇雨，皆已失期，失期當斬。藉弟②令毋斬，而戍死者固十六七。且壯士不死即已，死即舉大名③耳，王侯將相寧④有種乎！」

——《史記．陳涉世家》

一番話說得眾人血脈賁張，於是打起公子扶蘇和項燕的旗號，人人袒露右肩，號稱「大楚軍」，設祭壇，以三個秦國軍官人頭為祭品。陳勝自立為將軍，吳廣為都尉。義軍攻下大澤鄉，兵臨蘄縣（蘄，音「奇」，今安徽省宿州市境內），蘄縣不戰而降，然後分兵攻打鄰縣，幾乎是摧枯拉朽，所向披靡。義軍一路開到陳郡（今河南省周口市一帶），陣容已經擴大到戰車六、七百乘，騎兵一千多人，步卒數萬人。陳郡的太守、縣令都已聞風逃走，郡丞（相當郡政府秘書長）戰死，於是大楚軍據有了一座大城。

陳勝召來當地的三老、豪傑，一同商量大計，眾人都推陳勝為王。於是陳勝自立為王，國號「張楚」——張大楚國的意思。

①徒屬：部屬，指同行戍卒。
②藉弟：假使。
③舉：博取。舉大名：做一番大事博取名聲。
④寧：哪裡。

不同於那些奉承強者的所謂豪傑，陳郡剛好有兩位北方來的英雄豪傑，卻反對陳勝稱王。這兩個「白目」的傢伙是誰？

9、張耳・陳餘

這兩人一個名叫張耳，一個名叫陳餘。

張耳年輕時，曾經是故魏國信陵君魏無忌（戰國四大公子之一）的門客。後來犯罪逃亡，到了外黃縣（今河南省杞縣南邊）。外黃有位富人的女兒長得很漂亮，卻嫁了一個庸庸碌碌的丈夫，因此逃離夫家。她的父親知道張耳是個有才幹的角色，就對女兒說：「妳如果想要一個有前途的丈夫，就跟了張耳吧！」女兒同意，就請人出面辦妥了離婚手續，改嫁張耳。

張耳當時逃亡在外，岳家供應他很多經濟上的支持，他用來大做公關，居然當上了魏國的外黃縣令，名聲也愈發遠播。

陳餘也是魏國人，專攻儒家學說。他經常前往苦陘縣，當地一位富戶姓公乘看好陳餘不是凡俗之輩，將女兒嫁給他。

張耳、陳餘兩人交往，陳餘年紀小很多，所以對待張耳如同父親，兩人好到可以共生死，互相承諾為「刎頸之交」。

秦滅魏數年之後，聽聞張耳、陳餘是魏國「餘孽」中的傑出分子，就懸賞捉拿二人：張耳一千金，陳餘五百金。

張耳、陳餘兩人乃改名換姓，一同逃到了陳郡，在城內擔任里門守衛員，混口飯吃。曾經有一次，里長經過里門，不知什麼原因，拿鞭子抽了陳餘。陳餘想要跳起來反抗，張耳踩他腳後跟，暗示他忍耐。等里長走了，張耳將陳餘帶到城外桑樹下，四下無人，疾言厲色的教訓他：「我之前是怎麼教你的？你現在遭遇這麼一點小小的屈辱，難道就甘願為一個小吏而死嗎？」陳餘完全接受張耳的教訓——大丈夫能屈能伸，忍一時委屈，是為了等待時機。

秦政府搜捕兩人的懸賞仍在，行動也未停止。張耳和陳餘想出了一計：利用里門守衛身分，反而挨家挨戶去「搜查通緝犯」，於是沒有人懷疑他倆。

【原典精華】

秦滅魏數歲，已聞此兩人魏之名士也，購求①有得張耳千金，陳餘五百金。張耳、陳餘乃變名姓，俱之陳，為里監門以自食。

里吏嘗有過笞②陳餘，陳餘欲起，張耳躡之③，使受笞。吏去，張耳乃引陳餘之桑下而數④之曰：「始吾與公言何如？今見小辱而慾⑤死一吏乎？」陳餘然之。

——《史記・張耳陳餘列傳》

陳勝進入陳縣（陳郡郡治），張耳、陳餘去見他，陳勝和他的左右參謀也早已聽說他倆的名聲，相見大喜。

陳縣的父老建議陳勝自立為楚王，才好指揮諸將。陳勝徵詢張耳、陳餘的意見，兩人認為：「將軍起義，是為了天下蒼生除害。如今才稍有局面就稱王，會讓天下人認為你有

①購求：懸賞捉拿。
②過：過分。笞：鞭打。過笞：無故或細故鞭打。
③躡：腳後跟。躡之：踩（或踢）腳跟，暗示忍耐。
④數：數落、責備、教訓。
⑤慾：同「欲」。

私心。建議不要稱王，快速引兵西進，並且扶助六國之後人起義，增加秦朝的敵人，增加自己的盟友。等到打進咸陽，乃可以號令諸侯，建立帝業。如果今天稱王，恐怕天下人心離散！」

陳勝最終沒有採納他倆的建議，仍自立為王。可是採納了他倆「西進咸陽」的戰略建議：封吳廣為「假王」（吳廣的起義功勞不比陳勝小），督率諸將西進：吳廣主攻滎陽（今河南省滎陽市），周市攻掠故魏國領地，葛嬰攻掠故楚國領地。

張耳、陳餘看破陳勝不是取天下的材料，不想留在陳郡坐等敗亡，想出一個脫身之計。

10、武信君

陳餘向陳勝建議：「大王發動故楚、魏（大約是今江蘇、安徽、湖北、河南）之兵向西，目標是進攻關中，沒有多餘力氣去收拾故趙國（今河北）。我曾經去過趙地，認識那邊的豪傑之士，也瞭解那邊的地形，希望能帶領一支奇兵，向北方攻掠趙地。」

陳餘這一招是脫離陳勝，自己開創局面的妙計。可是陳勝沒有盡如他的意：他派出自己信任的武臣為將軍、邵騷為護軍（監軍），張耳、陳餘只能任左右校尉（第三、四把手），撥給他們三千士卒，向北攻掠趙地。

武臣的軍隊從白馬津渡過黃河，遊說當地豪傑說：「秦朝的亂政虐刑為害天下數十年，老百姓已經無法忍受。陳王振臂高呼，揭竿起義，故楚王國風起雲湧，各地方人民殺了郡守、縣令以響應，吳廣、周文更領軍進攻關中。處在這個關鍵時刻，如果不能開創一番封侯的功業，就稱不得人中豪傑。各位請好好思考一下。」

趙地豪傑都同意他的說法，於是募集兵力數萬人，尊武臣為武信君，一下子攻下十城，但是其他城池仍攻不下來。

抵抗武信君大軍的城池之一是范陽（今河北省定興縣境內）。范陽當地一位著名辯士名叫蒯徹，他去對范陽縣令說：「聽說長官快要死了，特來弔祭。然而，恭喜長官，因為我蒯徹而得活命。」

縣令問他：「你在胡說些什麼？」

蒯徹說：「秦帝國的法令重苛，長官擔任范陽縣令已經十年，這十年當中，你因為執行秦國法令而殺人家的父親、兒子，砍斷人家的腳（刖刑）、在人家臉上刺字（黥刑），不可勝數。老百姓從前不敢為父親、兒子報仇，只因為害怕秦國法令。如今天下大亂，秦法已經失去威信，遲早有人要來為父親、兒子報仇，此所以我來弔喪。如今武信君大軍已經逼近，而長官仍堅守范陽，范陽的年輕人恐怕爭著要砍下你的頭顱，去向武信君邀功吧！請長官趕快派我去見武信君，轉禍為福，現在是最後機會了。」

於是范陽令派蒯徹去見武信君，蒯徹說：「閣下如果非得打仗、攻城才得到勝利，我認為並非上策。閣下何不派我帶著封侯印信，拜范陽令為侯，范陽令則獻出城池。然後讓范陽令乘坐華貴的車子，馳騁在燕、趙的原野上（燕國大約在今河北北部與遼寧南部），燕、趙地方的縣令在城上看見，都說『那不是范陽令嗎？他先獻城池，所以先得富貴啊！』守城者心生羨慕，群起效法，燕、趙的城池就可以不戰而降了。這就是所謂的『傳檄而千里定』啊！」

武信君採納了他的獻策，派出馬車二百輛、騎兵二百名，命蒯徹帶著侯爵印信，去封范陽令為侯。趙地各城聽說，三十幾座城池不戰而下。

【原典精華】

范陽人蒯通①說范陽令曰：「竊聞公之將死，故弔。雖然，賀公得通而生。」

范陽令曰：「何以弔之？」

對曰：「秦法重，足下為范陽令十年矣，殺人之父，孤人之子，斷人之足，黥人之首，不可勝數。然而慈父孝子莫敢傳刃②公之腹中者，畏秦法耳。……今諸侯畔

①蒯：音「ㄎㄨㄞˇ」。司馬遷為避漢武帝劉徹名諱，稱「蒯徹」為「蒯通」。
②傳：以物插地。傳刃：將兵刃插入人體。

秦矣，武信君兵且至，而君堅守范陽，少年皆爭殺君，下③武信君。君急遣臣見武信君，可轉禍為福，在今矣。」

范陽令乃使蒯通見武信君……蒯通曰：「……君何不齎④臣侯印，拜⑤范陽令，范陽令則以城下③君，令范陽令乘朱輪華轂⑥，使驅馳燕、趙郊……，燕、趙城可毋戰而降也。此臣之所謂傳檄⑦而千里定者也。」

武信君從其計，因使蒯通賜范陽令侯印。趙地聞之，不戰以城下者三十餘城。

——《史記．張耳陳餘列傳》

陳勝以九百戍卒揭竿起義，居然如摧枯拉朽般節節勝利。秦帝國難道麻痺了嗎？秦二世對東方亂事如何看待？

---

③下：投誠。
④齎：音「基」，給、授予。
⑤拜：以禮遇形式封、派。
⑥轂：音「谷」，車輪軸。朱輪華轂：華麗的車子。
⑦檄：政治文告。

11、伴君如伴虎

秦二世派往東方的謁者（官名，負監視與情蒐任務）回到咸陽，將起義軍聲勢據實報告。嬴胡亥聽不進任何不順耳的消息，將謁者通通關進監牢。

然後召集博士們徵詢：「楚地的戍卒攻打縣城，各位認為如何？」

有三十幾位博士、學者表示：「人民怎麼可以造反？那是殺無赦的死罪，建議陛下立即發兵痛擊之。」

這是典型的效忠表態言論，可是胡亥聽不進去，當場變臉。

現場只有一位博士叔孫通看出了皇帝的心思，上前啟奏：「他們說的都不對。如今天下已經一統，戰國時的城郭都夷平了，兵器也全都銷毀了，天下不應該再有戰爭。英明的皇帝在上領導，官吏依法行政，人人謹守崗位，四方繁榮發展，哪還有人敢造反！東方那些敗類只不過是鼠竊狗盜而已，哪裡值得在朝廷上討論？各郡守、尉負責緝拿即可，不必為此掛心。」

胡亥聽了，這才轉怒為喜。然後一一要這些儒者表態。儒者有人說是「造反」，有人說是「盜賊」。秦二世命令御史，將那些認為「東方群盜」是造反的，一律下獄，說是盜賊的則沒事。特別賞賜了叔孫通二十匹綢緞、一套衣袍，並加官進爵。

叔孫通出宮回到住處，幾位同事責問他：「先生今天發言，怎麼如此諂媚？」

叔孫通說：「諸位不曉得，我也幾乎不得脫虎口啊！」之後找了一個機會，逃出咸陽，投奔東方。

【原典精華】

陳勝起山東，使者以聞，二世召博士諸儒生問曰：「楚戍卒攻蘄入陳，於公如何？」

博士諸生三十餘人前曰：「人臣無將①，將即反，罪死無赦。願陛下急發兵擊之。」二世怒，作色。

叔孫通前曰：「諸生言皆非也。夫天下合為一家，毀郡縣城，鑠②其兵，示天下不復用。且明主在其上，法令具於下，使人人奉職，四方輻輳③，安敢有反者！此特群盜鼠竊狗盜耳，何足置之齒牙閒④。郡守尉今捕論，何足憂。」

二世喜曰：「善。」盡問諸生，諸生或言反，或言盜。於是二世令御史案諸生言反者下吏，非所宜言。諸言盜者皆罷之。乃賜叔孫通帛二十匹，衣一襲，拜為博士。

叔孫通已出宮，反舍，諸生曰：「先生何言之諛也？」通曰：「公不知也，我幾不脫於虎口！」乃亡去。

——《史記．劉敬叔孫通列傳》

秦二世摀住耳朵就以為壞消息不存在，但是起義軍卻已逼近函谷關，避免不了得面對現實。

---

①將：統兵。
②鑠：銷熔。
③輻輳：交通發達。
④閒：同「間」。置之齒牙閒：做為討論議題。

12、趙王自立

張楚王陳勝派出的西征軍總司令周文不但未曾遭遇抵抗，他一路招兵買馬，直抵函谷關，已經成為「戰車千乘，步卒十萬」的大軍。再往前推進到戲城（距離咸陽僅五十公里），敵軍已經逼近都門，戰情終於搗不住了，秦二世這才慌忙召開御前會議，口中連問：「怎麼辦？怎麼辦？」

大夫們個個噤口不言，有想法的也不敢亂發言，因為不曉得嬴胡亥心裡想的是什麼，深怕又講錯話被殺頭。

只有少府（掌管山林生產）章邯提出危機處理方案：「盜賊已經到了門口，而且人數眾多。這時才來徵調附近駐軍，時間上來不及。眼前可用的群眾是驪山那些做苦工的刑徒，請陛下宣布赦免，發給他們武器，讓他們上陣迎敵。」秦二世採納這個方案，派章邯集結驪山徒迎戰楚軍。

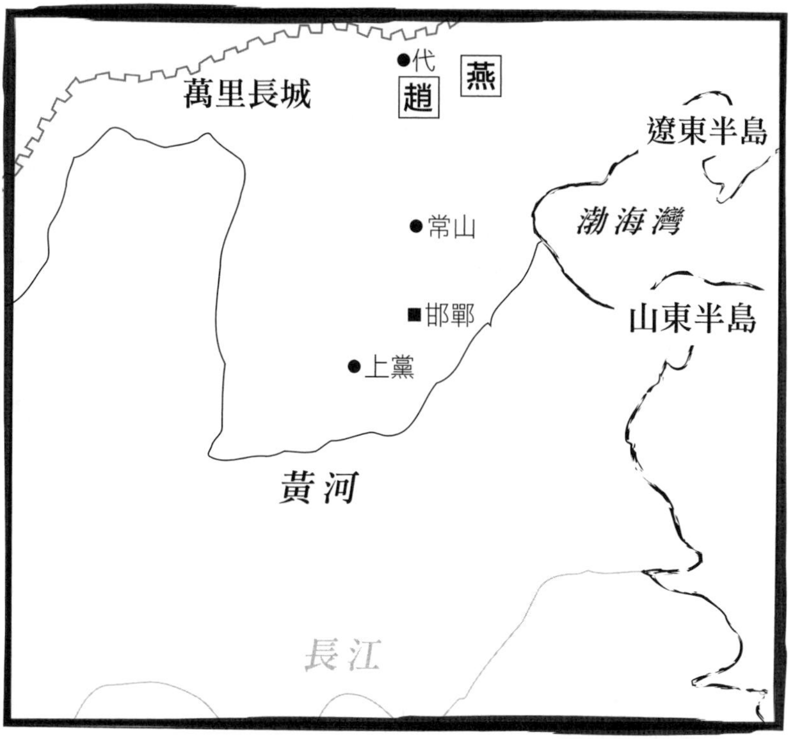

▲趙王武臣擴大勢力

周文的軍隊一路沒打過什麼硬仗，更談不上訓練，基本上是烏合之眾。章邯率領的驪山徒也是烏合之眾，可是秦軍的軍官是有帶兵打仗經驗的，驪山徒在做苦工時也有組織與指揮系統。所以，接戰不久，楚軍就潰敗了，大軍後撤，速度跟來時一樣快。

這個消息傳到邯鄲，陳餘立刻向武信君武臣建議：自立為趙王。武臣此時已經控有故趙國的土地，雄心壯志「一眠大一寸」，聽到陳餘的建議，龍心大悅，毫不考慮就自立為趙王，並封陳餘為大將軍、張耳為右丞相、邵騷為左丞相。

消息傳到張楚王陳勝耳中，大怒，立刻就要發兵攻打趙國，並誅殺武臣全家。但是被大臣勸阻：「秦國未滅，不宜在此時樹立新的敵人，不如順水推舟，派使節前往祝賀，並要他向西進攻關中。」陳勝採納這個建議，將武臣全家請到王宮居住（其實就是軟禁），並封張耳的兒子張敖「成都君」，派使節去邯鄲致賀，並催促武臣向西進兵。

張耳、陳餘對武臣說：「陳王絕非真心祝賀，我們建議不要西進，而是向北擴張，奪取燕（今河北省北部、內蒙與遼東的一部）、代（今河北與山西北部、長城以南），增強實力，坐觀秦、楚相戰。」武臣同意，派出三路軍隊：韓廣攻掠故燕國，李良攻掠常山（今河北省石家莊市），張黶攻掠上黨（今山西省長治市）。

陳勝派出的西征大軍（周文）失利，北征大軍（武臣）自立為王。但是，南方義軍仍然不斷有新血加入。最重要的兩位：劉邦與項羽，幾乎都在第一時間響應陳勝。

13、赤帝子殺白帝子

先說劉邦。

劉邦是沛縣（今江蘇省沛縣）豐邑人，父親劉執嘉，母親沒有名字，人稱劉媼（媼：老太太）。劉媼在大澤旁的土堤上睡午覺，夢見與天神交配。當時雷電交加、天色晦暗，劉執嘉趕緊去湖畔接老婆，卻看見一條蛟龍（有鱗的大蛇）纏在劉媼身上。不久之後，劉媼發覺已懷有身孕，生下一個兒子，取名劉邦，因為在兄弟中排行老三，沛縣人都稱他劉季。

劉邦的外型突出：鼻梁很高，有著龍的額頭（有人知道龍的額頭長什麼樣嗎？），鬍鬚茂密美觀，左大腿有二十七顆黑痣。性情好交朋友，對朋友很大方，不計較財物。口氣很大，遊手好閒不參與家中生產工作。長大之後，擔任小公務員泗水亭長（亭，里與鄉之間的行政單位），與鄉政府的吏（基層公務員）都能打成一片。好酒貪色。經常向兩家餐館賒帳，一家老闆姓武，一家姓王。姓武的店老闆和姓王的老闆娘都曾看到：劉季喝醉了趴在桌上，有一條龍出現在他背上，於是對他另眼相待——年底要清算積欠酒錢，往往就算了。

劉邦擔任亭長的工作之一，是押送驪山徒去咸陽，送到之後就在咸陽趴趴走。曾經看到秦始皇的車隊儀仗，忍不住嘆息說：「啊，大丈夫就該這樣子呀！」

【原典精華】

其先劉媼嘗息大澤之陂①，夢與神遇。是時雷電晦冥②，太公③往視，則見蛟龍於其上。已而有身④，遂產高祖。

……

高祖常繇⑤咸陽，縱觀，觀秦皇帝，喟然太息⑥曰：「嗟乎⑦，大丈夫當如此也！」

——《史記．高祖本紀》

劉邦最後一次執行押送驪山徒去咸陽的任務，走到半路，很多人都逃跑了（顯示人民敢於違背苛政）。

劉邦暗忖，等抵達咸陽，大概全跑光了，包括他這個亭長跟所有刑徒都是死罪。於是，走到豐邑西邊的大澤，停下來，大夥喝酒。劉邦對這批罪犯與役工說：「各位都走吧，我也要就此消失了。」趁夜將全體徒眾縱放，其中有十幾位選擇追隨劉邦逃亡。

劉邦與追隨者帶著酒意走在沼澤區，派一人走在前面擔任尖兵。走著，走著，尖兵回報：「前面有一條大蛇擋在路上，咱們回頭吧！」

劉邦仗著酒意，說：「我們都是男子漢大丈夫，怕什麼？」走上前去，拔出劍來將那條大蛇斬為兩段。小徑通了，眾人繼續前行。

---

①陂：音「皮」，通「埤」，矮牆。
②冥：即「暝」，古時字少借用。晦冥：天昏地暗。
③太公：劉邦成為漢高祖之後，老爹劉執嘉被尊稱「太公」。
④有身：懷孕。今日閩南語仍用此詞，保留了三千年前河洛用語。
⑤繇：音「搖」，同「徭」，出公差。
⑥喟然：感慨的樣子。太息：長嘆。
⑦嗟乎：感嘆詞，如「啊！」。

後面的隊伍走到大蛇被斬地點，看見一位老嫗在黑夜中哭泣，問她怎麼了，老嫗說：

「我的兒子被人殺了。」

「妳的兒子為何被殺？被誰殺了？」

「我的兒子是白帝之子，化身為大蛇，盤踞在路當中。卻被赤帝之子斬了，所以我在此哭泣。」

後隊數人以為她胡言亂語，那老嫗突然不見了。

等到後隊追上主隊，劉邦酒也醒了。有人將方才路上所見所聞告訴劉邦，劉邦內心竊喜（不是驚異、不是害怕，而是竊喜），自認為身負「天命」，而追隨者因此對他愈來愈敬畏有加。

【原典精華】

高祖以亭長為縣送徒酈山，徒多道亡。自度比至皆亡之，到豐西澤中，止飲，夜乃解縱所送徒，曰：「公等皆去，吾亦從此逝⑧矣！」徒中壯士願從者十餘人。

高祖被酒⑨，夜徑澤中⑩，令一人行前。行前者還報曰：「前有大蛇當徑，願還。」

高祖醉，曰：「壯士行，何畏！」乃前，拔劍擊斬蛇。蛇遂分為兩，徑開。行數里，醉，因臥。後人來至蛇所，有一老嫗夜哭。人問何哭，嫗曰：「人殺吾子，故哭之。」

人曰：「嫗子何為見殺？」

嫗曰：「吾子，白帝子也，化為蛇，當道，今為赤帝子斬之，故哭。」人乃以嫗為不誠，欲告之，嫗因忽不見。後人至，高祖覺。後人告高祖，高祖乃心獨喜，自負。諸從者日益畏之。

——《史記・高祖列傳》

劉邦回到沛縣，當然不能再幹亭長了，就躲到附近大澤山區。別人都找不到他，他的老婆呂雉卻每次都找得到，劉邦問她怎麼如此靈光，呂雉說：「你停留的地點上方經常有

⑧逝：消失。
⑨被酒：喝醉。
⑩徑澤中：走在沼澤中的小徑。

雲氣，所以我每次都找得到。」劉邦又是心中暗自竊喜。而沛縣年輕人聽說，就有更多人願意追隨劉邦。

呂雉就是後來的呂后，她怎麼嫁給劉邦，又有一段故事。

14、貴不可言

一位有錢人呂公因躲避仇家，來到沛縣依附縣令。沛縣的豪傑、縣吏聽說縣令有貴客來，都前往致意，呂公則擺酒款待。

沛縣的主吏蕭何幫呂公主持酒宴，向來賀賓客宣布：「致贈禮金不滿一千錢的，坐在堂下。」

劉邦是個小小亭長，可是平常習慣了說大話、充殼子，於是寫了一張禮帖：禮金一萬。但事實上沒帶一文錢。

呂公被這張禮帖驚動了，起身到門前迎接這位貴客。呂公平時好為人相面，一見劉邦面相不凡，非但不介意劉邦「空手到」，態度更特別禮遇，親自引他入座。

蕭何是知道劉邦底細的，怕縣令的貴客被一張空頭禮帖矇了，對呂公說：「劉季這個人，大話說很多，可是很少兌現。」但呂公完全不介意。反而劉邦因為主人禮遇，態度愈發大剌剌，直接坐到上座，毫不謙讓。呂公在席間則一再以目示意，要劉邦吃完酒席留下來。

客人酒足飯飽一一散去，呂公對劉邦說：「我從年輕時就喜歡給人相面，一生相過的人多了，但是沒有一個像你如此相貌。劉季你可要把握自己的前程啊！」語氣一頓，再說：「老夫有一個女兒，嫁給你，為你執箕帚好嗎？」

劉邦告辭出門，呂媼向老公興師問罪：「你平日老是說，咱們的女兒命很好，將來會嫁給貴人。沛縣縣令來提親，你都不肯，怎麼就這樣草率許配給這個劉季呢！」

呂公說：「這不是女人家能夠瞭解的事情。」堅持將女兒嫁給劉邦。

呂公的女兒名叫呂雉，為劉邦生了一男一女。有一天，呂雉帶著兒女在田中除草，有一位老人經過田邊，向呂雉討點水喝。呂雉給了水，又給他食物。老人看呂雉面貌說：「夫人的面相是天下之貴人。」意思是她將來會統御天下，這在當時社會來說，一名女子是沒有機會的，何況是一名農婦。

呂雉聽了，就請老人為兩個小孩看相，老人看了兒子，說：「夫人之所以能大貴，就因為這男孩。」再相女兒，說她也是貴相。

老人走了，劉邦溜班到田裡來看老婆孩子，呂雉對他說，方才有一位老人幫她和兒子、女兒看面相，說都是大貴之命。劉邦問「人呢」，呂后說「才走不遠」。劉邦追上老人，詢問方才的事情，老人說：「方才那位夫人與孩子都和先生您一樣，閣下的面相更貴不可言。」

【原典精華】

呂后與兩子居田中耨①，有一老父過請飲，呂后因餔②之。老父相呂后曰：「夫人天下貴人。」令相兩子，見孝惠③，曰：「夫人所以貴者，乃此男也。」相魯元，亦皆貴。

老父已去，高祖適從旁舍來，呂后具言客有過，相我子母皆大貴。高祖問，曰：「未遠。」乃追及，問老父。老父曰：「鄉者④夫人嬰兒皆似君，君相貴不可言。」

——《史記．高祖本紀》

所謂「貴不可言」，意思是說「講出來是要殺頭的」，也就是「皇帝命」啦！

①耨：音「ㄋㄡˋ」，除草用的農具。
②餔：音「ㄅㄨ」，吃飯。
③孝惠：呂后的兒子劉盈，後來成為漢惠帝。
④鄉：此處讀音「向」，同「嚮」字，之前、方才。

15、沛公

劉邦當上皇帝，曾經過一番堅苦卓絕的奮鬥過程，可是他的「創業第一桶金」，卻是天上掉下來的。

陳勝、吳廣揭竿而起，攻下陳縣後稱王。南方郡縣紛紛響應。有些是縣令易幟擁護陳王，有些則是鄉人殺了郡守、縣令，然後響應革命。

沛縣就在陳縣附近，沛縣縣令見大勢所趨，也想起兵響應陳勝。沛縣的主吏蕭何、獄掾曹參對縣令說：「閣下身為秦朝官員，如今想要背叛，只怕沛縣子弟不肯聽命（因為縣令一直是秦暴政的代理人）。如果閣下召喚那些躲在山澤地區的亡命之徒，可以聚集數百武力，以之脅迫沛縣子弟，他們就不敢反對了。」

縣令乍聽覺得有理，於是叫一個屠狗的樊噲去召喚劉邦，當時劉邦在大澤中已經聚集了數十、近百徒眾。

樊噲找到劉邦，表示自己也願追隨，一群亡命之徒遂直往沛縣城而來。這時，沛縣縣令卻又後悔了，擔心生變，於是閉緊城門，不讓群眾進城，甚至起意要殺了蕭何、曹參。

蕭何、曹參這下已經沒有退路，兩人從城牆上縋下城外，投奔劉邦。劉邦乃在帛上寫了一封信射入城中（想必是蕭何手筆），信上說：「天下人受秦國暴政之苦已經太久了。父老們今天如果支持縣令（為秦帝國）守城，外頭的世界已經群雄並起，遲早會屠滅沛縣。如果沛縣人民大眾一同誅殺縣令，選擇沛縣子弟中可以擔任領袖的人，大家擁護他，以響應起義軍，則家室可以保全。如果不這樣，父子都將被屠殺，千萬不要做這種蠢事！」沛縣父老見信，率領子弟一同攻殺縣令。沛縣公務車御者夏侯嬰是劉邦好友，帶頭開城門迎接劉邦。

【原典精華】

劉季乃書帛射城上，謂沛父老曰：「天下苦秦久矣。今父老雖為沛令守，諸侯並起，今屠沛。沛今共誅令，擇子弟可立者立之，以應諸侯，則家室完。不然，父子俱屠，無為也。」

——《史記．高祖本紀》

沛城父老要推舉劉邦擔任沛縣縣令，劉邦推辭（想必是做作，當初他接受呂公的禮遇可不見謙讓）。蕭何、曹參都是文吏，沒有雄心魄力，於是大力推舉劉邦。父老都說：「劉季一向以來都有異兆，應該會成為貴人。」劉邦依然謙讓，而眾人則愈發擁護。終於，在眾人擁戴之下，劉邦成為沛公（故楚國稱縣令為「公」），祭祠黃帝、蚩尤，蕭何、曹參、樊噲等幫他召募了沛縣子弟二、三千人，開始攻掠左近城縣。

劉邦就此開始他的「天子之路」。

16、項家軍

揭竿抗秦各路義軍之中，另一位最重要人物是項羽。

項羽，本名項籍，字羽。出道時年方二十四歲，追隨叔叔項梁起義。項梁的父親就是陳勝起義時標榜的故楚國名將項燕，項家世代都是楚將。

項羽小時候進學讀書，讀不好，又去學劍，也不成氣候。項梁對這個侄兒很惱怒，項羽說：「讀書寫字只能記名姓而已，劍術只能對付一人，要學就學萬人敵。」

於是項梁教項羽兵法。項羽很喜歡兵法，可是大略知道意思之後，又不肯學個透澈。

【原典精華】

項籍少時，學書不成，去學劍，又不成。項梁怒之。籍曰：「書足以記名姓而已。劍一人敵，不足學，學萬人敵。」於是梁乃教籍兵法，籍大喜，略知其意，又不肯竟學①。

——《史記・項羽本紀》

項梁坐過牢、也殺過人，為了逃避仇家，流亡到吳中（今江蘇省蘇州一帶），吳中的士人都進出他的門下。

秦始皇南巡，到會稽山，渡過浙江時，項梁和項羽都去看熱鬧。

項羽說：「這傢伙可以取而代之。」

項梁連忙掩住他的嘴，說：「別亂講話，這可是誅全族的罪名！」

從此，項梁對這個侄兒另眼看待。

項羽身高八尺（一尺約當二十三公分，八尺約當一八四公分），力氣很大，能扛起一座銅鼎，吳中子弟都怕他三分。

①竟：完成。不肯竟學：學不透澈。

【原典精華】

秦始皇帝游②會稽，渡浙江，梁與籍俱觀。籍曰：「彼可取而代也。」梁掩其口，曰：「毋妄言，族矣！」梁以此奇籍。籍長八尺餘，力能扛鼎，才氣過人，雖吳中子弟皆已憚籍矣。

——《史記．項羽本紀》

陳勝、吳廣揭竿起義，各地紛紛響應。會稽郡守殷通也想自立為王，就找項梁來商量，說：「江西（長江以西，指今安徽、蘇北，蘇南與浙江為江東）全反了，這是老天要滅亡秦朝。我認為，先發制人、後發制於人，我有意發兵起義，命你和桓楚二人為將軍。」

當時桓楚因為犯罪避於太湖中，項梁說：「桓楚躲起來了，沒有人知道他在哪裡，只有項羽知道。」

殷通命他召項羽前來。項梁出去，指示項羽帶著劍在外等候。項梁再回到辦公廳，坐下，對郡守說：「請長官召喚項羽，命令他去找桓楚。」

殷通點頭，項梁乃出門叫項羽進來。殷通交代話語未畢，項梁以目光示意，對項羽說：「可以（動手）了！」項羽立即拔劍斬下郡守的腦袋。項梁拎著郡守的腦袋，佩著郡守的印綬走出辦公廳。一時間，郡政府內驚慌大亂。項羽持劍擊殺數十人，府中人員為之懾服，不敢抬頭。

【原典精華】

會稽守通謂梁曰：「江西皆反，此亦天亡秦之時也。吾聞先即制人，後則為人所制。吾欲發兵，使公及桓楚將。」是時桓楚亡在澤中。梁曰：「桓楚亡，人莫知其處，獨籍知之耳。」梁乃出，誡籍持劍居外待。梁復入，與守坐，曰：「請召籍，使受命召桓楚。」守曰：「諾。」

②游：同「遊」。古時字少通用。

梁召籍入。須臾③，梁眴④籍曰：「可行矣！」於是籍遂拔劍斬守頭。項梁持守頭，佩其印綬。門下大驚，擾亂，籍所擊殺數十百人。一府中皆慴伏⑤，莫敢起。

——《史記・項羽本紀》

於是項梁召集地方豪族、士人，告訴他們要發動「大事」，召募勇士，募到八千人。項梁布署吳中豪傑分任校尉、司馬，自己擔任會稽郡守，項羽擔任副將。這八千「子弟兵」就是項家軍逐鹿天下的本錢。

③須臾：一會兒。
④眴：音「炫」，眨眼示意。
⑤慴：同「懾」，畏懼。慴伏：懾服。

17、齊王、魏王、燕王

除了張楚王陳勝、趙王武臣之外，還有三位稱王，並且都是打著故戰國七雄的旗號。故齊國的王族田儋（音「丹」）與弟弟田榮、堂弟田橫都是豪傑，在故齊國地方（今山東省）很得人望。陳勝派周市攻掠齊地，大軍到達狄城，狄城縣令閉城堅守。田儋將自家奴僕綑綁，押送到縣衙公堂，聲稱要見縣令，請求批准處決奴僕。縣令升堂問案，田儋當場擊斬縣令，然後號召狄城年輕人，說：「天下都起兵抗秦，我們齊國是一個擁有光榮歷史的國家，當然要建立自己的旗號。我田儋是故齊國王族，理應為王。」遂自立為齊王，出兵攻擊周市。

周市遭到抵抗，撤軍，田儋率軍向東收復故齊國土地。

【原典精華】

田儋詳①為縛其奴，從少年之廷②，欲謁③殺奴。見狄令，因擊殺令，而召豪吏子弟曰：「諸侯皆反秦自立，齊，古之建國，儋，田氏，當王。」遂自立為齊王，發兵以擊周市。

——《史記．田儋列傳》

而周市則率軍轉進，攻掠故魏國土地（今河南省黃河以北地區），派使者向張楚王陳勝請求立故魏國公子魏咎為魏王。魏國當地豪傑推舉周市當魏王，周市不同意，說：「天下紛亂，才看得出堅守原則的人。天下人都背叛秦國，一定要立魏王後代才是義理。」眾人堅決推舉周市，周市堅決不肯，一再派使節去陳縣迎接魏咎，陳勝終於同意魏咎前往大梁（故魏國首都）。

周市宣布魏咎為魏王，自己擔任宰相。

【原典精華】

魏地已定，諸侯皆欲立周市為魏王。市曰：「天下昏亂，忠臣乃見。今天下共畔

④秦，其義必立魏王後乃可。」

——《資治通鑑·秦紀二》

之前，趙王武臣接受陳餘建議，派出大將韓廣攻掠故燕國土地。韓廣大軍開到燕國，燕國之前抗秦血仇未報（荊軻奉燕太子丹之命刺殺秦王，後來秦滅燕，大肆屠殺），當地豪傑之士早就想要抗秦了，眾人商量決定推舉韓廣為燕王。

韓廣說：「我的母親還在邯鄲，我如果稱王，趙王一定會殺我母親。不可！」

燕地豪傑說：「趙王當前的處境，西方有秦國威脅，南方有張楚（陳勝）記恨，哪還有力量威脅我們？況且，以張楚之強，都不敢傷害趙王及其將相的家屬，趙王又哪敢傷害將軍您的家屬呢？」

於是韓廣自立為燕王，幾個月後，趙王武臣派人將燕王的母親與家屬，通通送還燕王。

①詳：同「佯」，假裝。
②廷：公堂。
③謁：求見。
④畔：同「叛」。

【原典精華】

韓廣將兵徇⑤燕，燕地豪桀⑥欲共立廣為燕王。

廣曰：「廣母在趙，不可！」

燕人曰：「趙方西憂秦，南憂楚，其力不能禁⑦我。且以楚之強，不敢害趙王將相之家，趙獨安敢⑧害將軍家乎？」

韓廣乃自立為燕王。居數月，趙奉燕王母家屬歸之。

——《資治通鑑．秦紀二》

於是，楚、趙、齊、魏、燕都出現了，似乎又回到戰國時代（韓國也在隔年出現）。

然而，秦帝國之前係因為秦二世沒把「東方群盜」放在眼裡，方致軍事失利。後來章邯組織驪山徒擊退周文之後，秦二世徵集關中各郡縣軍隊，任命章邯為統帥向東討伐。

起義軍現在必須面對戰力強大的秦國正規軍了。

⑤徇：通「巡」，以武力宣示主權。
⑥桀：同「傑」。
⑦禁：制。
⑧安敢：怎敢。

18、陳勝敗亡

回頭說周文的遠征軍被章邯的驪山徒雜牌軍擊敗，退出函谷關，在曹陽（今河南省靈寶縣）建築營壘，整頓軍隊，計劃再次進攻。

兩個月後，章邯大軍攻來，已經不再是雜牌軍，而是曾經無敵於天下的秦國正規軍。周文一戰而敗，撤退到澠池（今河南省澠池縣），十餘日後，章邯再度進攻，楚軍再敗，周文自刎，張楚遠征軍瓦解。

章邯的下一目標是滎陽（今河南省滎陽縣）。滎陽守將是秦帝國丞相李斯的兒子李由，被吳廣率領的楚軍包圍，卻堅守不失。等到周文大軍潰敗消息傳來，楚軍將領田臧、李歸等發動兵變，殺了吳廣，留李歸繼續包圍滎陽，田臧率主力迎戰章邯。結果，兩軍在敖倉（滎陽西北黃河邊）激戰，楚軍潰敗，田臧陣亡。章邯乘勝攻擊李歸，李歸戰死，滎陽解圍。

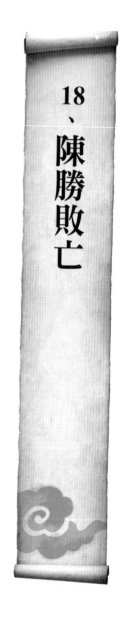

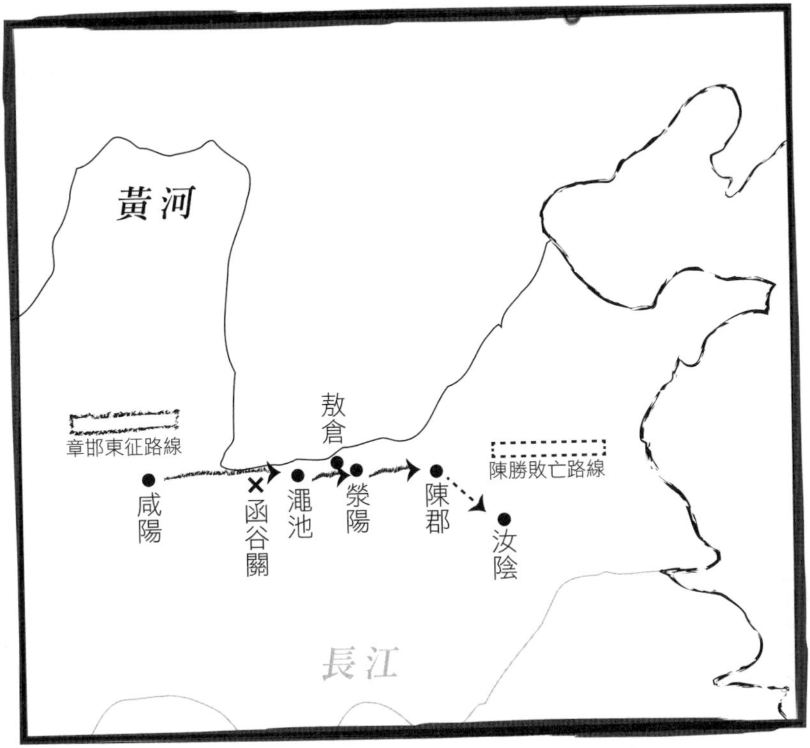

▲章邯東征

秦二世為章邯增兵，加派二員將領司馬欣、董翳協助劉匪，大軍直逼陳郡而來。

先前張楚大軍無往不利時，陳勝頗有輕敵之色。孔子八世孫孔鮒，在張楚王國的朝廷任官博士，他對陳王說：「我讀過兵法上說：不可依恃敵人不來攻我，必須充分備戰，讓敵不可攻。如今大王輕敵以為不會來攻，而疏於備戰，萬一戰敗而無力重振，後悔也來不及了。」

陳勝說：「寡人的軍事，就不勞先生費心了。」

【原典精華】

陳王①既遣周章②，以秦政之亂，有輕秦之意，不復設備。博士孔鮒諫曰：「臣聞兵法：不恃敵之不我攻，恃吾不可攻③。今王恃敵而不自恃，若跌而不振④，悔之無及也。」陳王曰：「寡人之軍，先生無累⑤焉。」

——《資治通鑑．秦紀二》

如今，給孔鮒說中了，楚軍一敗塗地。陳勝親自到前線押陣，仍然大敗。陳勝前往汝陰（今安徽省阜陽縣）尋求援兵，被御者（駕車人，地位相當侍衛長）莊賈刺殺，向秦軍投誠。

張楚王國就此灰飛煙滅，但陳勝的失敗卻早已注定。

陳勝稱王之後，有一位昔日同為耕佣的伙伴來到他宮前，敲宮門說：「我要見陳勝。」

守門官吏要將那個鄉巴佬綁起來，鄉巴佬急忙數說他和陳勝的交往故事，舉證歷歷，守門吏才放了他，但仍不為他通報。

一直等到陳勝要起駕出宮，那鄉巴佬衝到路上，攔住陳王，喊他名字。陳勝聽見了，召見他，載他一同回宮。

進了王宮，看見殿堂宏偉、帷帳精美，驚嘆不已，說：「多麼壯觀啊！你這個王宮可真大、真深吔！」

可是這位鄉巴佬故友在宮中進出隨便，而且還口沒遮攔，逢人就述說陳王從前的糗事。於是有人向陳王進言：「你這個客人愚昧無知，口沒遮攔，大大有損你的威嚴。」於是陳勝就把這老友給殺了。

陳勝當初對耕傭伙伴說：「燕雀焉知鴻鵠之志。」燕雀的確無法想像鴻鵠的志向遠

---

①陳王：即陳勝。陳勝國號雖為「張楚」，但是他進入陳縣之後，就關門當他的皇帝，所以史家不稱他為「楚王」，但稱「陳王」。
②周章：即周文。
③《孫子兵法》：毋恃敵之不來，恃吾有以待之。
④跌：曲言「戰敗」。
⑤累：勞煩。

大，可是陳勝卻志大才疏，徒有鴻鵠之志，卻無鴻鵠之器。結果「鴻鵠」殺了「燕雀」，其他故人都跑了。連一個老友都沒有能力好好處置，他的王國可想而知矣！

【原典精華】

其故人嘗與庸耕者聞之，之陳，扣宮門曰：「吾欲見涉⑥。」宮門令欲縛之。自辯數，乃置⑦，不肯為通。陳王出，遮道而呼涉。陳王聞之，乃召見，載與俱歸。入宮，見殿屋帷帳，客曰：「夥頤⑧！涉之為王沈沈⑨者！」客出入愈益發舒⑩，言陳王故情。或說陳王曰：「客愚無知，顓⑪妄言，輕威。」陳王斬之，諸陳王故人皆自引去。

——《史記．陳涉世家》

陳勝敗亡，下一個是北方的趙王武臣。

⑥涉：陳勝字「涉」。
⑦置：留下。
⑧夥：多。頤：嘆詞，如「矣」之用法。
⑨沈：深。沈沈：如「庭院深深」用法。
⑩發舒：無拘束。此處做「說話沒遮攔」解。
⑪顓：音「專」，愚昧。

19、武臣敗亡

韓廣自立為燕王，趙王武臣帶著張耳、陳餘，向北進軍到燕國邊界，想要給燕國一些壓力。可是武臣太不小心，居然在營地附近閒遊，被燕軍抓去。燕軍將領要求「分趙地一半」，才肯放回趙王。張耳、陳餘接連派出十數位使者，都被燕國殺了。

張耳、陳餘正束手無策，卻有一個炊事兵建立奇功：

那炊事兵對同伴說：「我要去遊說燕軍將領，讓他放回趙王。」

他的伙伴笑他：「算了吧！都已經被殺十幾個使者了，你能有什麼高招？」

炊事兵一個人走到燕軍壁壘前面，求見燕將，燕將接見他。

他問燕將：「知道我為何而來嗎？」

燕將說：「你還不是為了趙王而來。」

炊事兵：「你知道張耳、陳餘是何等人物？」

燕將：「是了不起的人。」

「你知道他們想要什麼嗎？」

「他們希望我放他們的王回去。」

炊事兵失笑，說：「閣下實在是不瞭解這兩人。要曉得，武臣、張耳、陳餘出生入死攻下趙地數十城，他們想的都是自己南面而王，豈是以做到卿相為滿足的角色？只不過目前大勢尚不明朗，權且以武臣為王，穩定趙軍人心而已。如今閣下囚禁趙王，那兩人嘴上說要求放趙王回去，心底想最好燕軍殺了趙王，他倆瓜分趙國土地，各自稱王。想想看，一個趙王就夠燕國傷腦筋了，何況兩個趙王左右夾擊？」

燕將聽後覺得有道理，就放回趙王武臣，由炊事兵駕車接回趙國。

【原典精華】

有廝養①卒謝其舍中曰：「吾為公說燕，與趙王載歸。」舍中皆笑曰：「使者往十

①廝：砍柴。養：烹煮。廝養卒：炊事兵。

> 餘輩，輒死，若何以能得王？」乃走燕壁。
>
> 燕將見之，問燕將曰：「知臣何欲？」燕將曰：「若欲得趙王耳。」曰：「君知張耳、陳餘何如人也？」燕將曰：「賢人也。」曰：「知其志何欲？」曰：「欲得其王耳。」
>
> 趙養卒乃笑曰：「君未知此兩人所欲也。夫武臣、張耳、陳餘杖馬箠②下趙數十城，此亦各欲南面而王，豈欲為卿相終已邪？夫臣與主豈可同日而道哉，顧其勢初定，未敢參分③而王，且以少長先立武臣為王，以持④趙心。今趙地已服，此兩人亦欲分趙而王，時未可耳。今君乃囚趙王。此兩人名為求趙王，實欲燕殺之，此兩人分趙自立。夫以一趙尚易燕⑤，況以兩賢王左提右挈，而責殺王之罪，滅燕易矣。」
>
> 燕將以為然，乃歸趙王，養卒為御而歸。
>
> ——《史記．張耳陳餘列傳》

趙王武臣僥倖得脫，卻不料命喪於他派出的另一位將領李良之手：

李良攻下常山，派人回報，武臣命他續攻太原，在井陘（太行山的險要通道）被秦軍阻住，無法前進。乃回軍邯鄲，請求增兵再攻。

有一天，趙王的姊姊出外飲酒，隨從一百多騎兵，李良在路上望見，以為是趙王，伏在路旁請謁。趙王的姊姊喝醉了，不能答禮，她的隨從喚李良起身。李良覺得很沒面子，怒火攻心，派人追殺趙王的姊姊，並發兵襲擊邯鄲。邯鄲沒有防備，武臣與邵騷都被殺死。張耳、陳餘朋友多，脫出危城，收拾各路軍隊，立故趙國的後裔趙歇為趙王。李良進兵，被陳餘擊敗，李良投奔秦將章邯。

陳勝、武臣倏起倏滅，可是劉邦卻因張楚王國瓦解而茁壯，更重要的是他結交了張良。

②杖：執。箠：鞭子。杖馬箠：意指「在戰場上出生入死」。
③參：三。參分：三人瓜分。
④持：穩住。
⑤易燕：視燕國為易取。

20、黃石公

之前那位謀畫椎殺秦始皇的張良，在逃亡期間，卻有一番奇遇：

有一天，張良信步走過下邳（今江蘇省徐州市內）一座橋。有一位衣衫襤褸的老翁走過他身邊，故意將一隻鞋子弄到橋下，然後回頭對張良說：「喂，小伙子，下去幫我老人家將鞋子拿上來。」

張良乍聽，一愣，想要扁他。轉念又想，「他那麼老了，算了，不跟他計較」，忍住氣，走到橋下幫老人把鞋子揀了上來。

正要交給他，老人家又開口了：「幫我穿上。」

張良啼笑皆非，乾脆好人做到底，長跪地上，要為老人家穿鞋。老人也毫不客氣，伸出腳，讓他服務。

穿好鞋，也沒說聲謝，老人笑著走了！

「居然有這種人」，張良驚訝的看著老人的背影，愣在當場。

老人走出約莫一里，又走回來，說：「小伙子可堪造就，五天後天亮時，在這裡跟我見面。」

從決定下橋拿鞋子那一刻，張良心裡想「看他能變出什麼把戲」，於是行了個禮，說：「好的。」

五天後，天一亮，張良就去橋上赴約。只見那老翁已經等在那裡，怒叱張良：「跟老人家約會為什麼遲到？」說完掉頭就走，口中說道：「五天後，早點來。」

五天後，雞才叫（天未亮），張良就起身前往，那老翁又先等在那兒了，怒叱：「為什麼又遲到？回去，五天後更早一點來。」

五天後，張良不到半夜就去橋上候著。過沒多久，老翁也到了，看見張良已經先到，露出喜色，說：「這才像話嘛！」

老翁從懷中取出一卷竹簡書，說：「讀通這卷書，就可以當帝王之師了。十年後，你一定會有大成就；十三年後，你到濟北來找我，穀城山下的黃石，就是我了。」

老人說完就走，沒多交代其他事情。天亮了，張良打開竹簡書來看，居然是《太公兵法》。

【原典精華】

良嘗閒從容步游下邳圯①上，有一老父，衣褐②，至良所，直③墮其履圯下，顧謂良曰：「孺子，下取履！」

良鄂然④，欲毆之。為其老，彊⑤忍，下取履。

父曰：「履我！」

良業為取履，因長跪履之。父以足受，笑而去。良殊大驚，隨目之。

父去里所⑥，復還，曰：「孺子可教矣。后五日平明，與我會此。」

良因怪之，跪曰：「諾。」

五日平明，良往。父已先在，怒曰：「與老人期，后，何也？」去，曰：「后五日早會。」

五日雞鳴，良往。父又先在，復怒曰：「后，何也？」去，曰：「后五日復早來。」

五日，良夜未半往。有頃，父亦來，喜曰：「當如是。」出一編書⑦，曰：「讀此則為王者師矣。后十年興。十三年孺子見我濟北，穀城山下黃石即我矣。」

遂去，無他言，不復見。旦日視其書，乃太公兵法⑧也。良因異之，常習誦讀之。

——《史記．留侯世家》

那位老人就是傳說中的黃石公，張良後來襄助漢高祖劉邦建立大漢帝國後，路過穀城山，依照老人囑咐，找到一塊黃石，帶回供養。張良死後，家人將黃石與他一同下葬。

沛公劉邦帶著沛縣子弟兵前往陳縣，路上遇到張良，張良帶領一百多名年輕人，也要去陳縣。張良決定加入劉邦陣營，劉邦任命張良為騎兵將領。

①圯：音「移」，橋。
②褐：音「河」，粗布衣服。
③直：故意。
④鄂然：愕然。
⑤彊：同「強」。
⑥里所：一里路左右。
⑦編書：竹簡或木簡用繩子串起來的書。
⑧太公兵法：姜太公呂尚的兵法。世傳《六韜》是太公兵法，《三略》是黃石公兵法。

張良屢次向劉邦講述《太公兵法》，劉邦都能領略。張良與其他將領討論時，其他將領卻都不能理解。張良讚嘆：「沛公莫非是天縱英明？」

【原典精華】

良數以太公兵法說沛公，沛公善之，常用其策。良為他人者，皆不省⑨。良曰：「沛公殆天授⑩。」

——《史記．留侯世家》

未到陳縣，聽說陳王已經兵敗身亡，劉邦乃轉向薛城（今山東省滕縣），投奔項梁。

⑨省：破音字讀「醒」，理解。
⑩天授：上天賜予的天賦。

21、英布・陳嬰

項梁從會稽起義，很快就掃平了江東（長江以南），並且得到一員勇將英布。

英布年輕時，有人替他看相，說：「你命中注定要受刑（成為罪犯），之後卻能夠封王。」那時候秦始皇已經削平六國，建立中央集權政府，各地方只設郡縣，沒有封國，又怎麼會有「王」？英布聽了相者之言，不當它一回事。

等到壯年，果然受人連累（坐法）要受黥刑，也就是在臉上刺字。他欣然接受，笑著說：「相者說我命中注定要受刑，看來是應驗了。他又說我以後會封王，莫非也要應驗嗎？」

聽到他這番話的人，都拿他當笑料。

【原典精華】

黥布……姓英氏，少年，有客相之曰：「當刑而王。」及壯，坐法黥。布欣然笑曰：「人相我當刑而王，幾是乎？」人有聞者，共俳笑之。

——《史記．黥布列傳》

英布受了黥刑，從此人稱黥布。還被送到驪山去做工，也就是成了驪山徒。當時驪山工地最多時有刑徒七十萬人，黥布刻意與驪山徒當中的豪傑人物交往，後來帶領了一夥人逃亡，在江澤之間（長江與洪澤湖之間）當強盜。

陳勝起兵的消息傳來，英布去見番君（番邑行政首長）吳芮，遊說他響應。吳芮的父親過去是故楚國的大司馬，立即同意英布，號召番邑青年起義，聚集了數千部眾。吳芮更看好英布前程無量，將自己的女兒嫁給英布。

陳勝被章邯消滅之後，英布的軍隊還打了好幾場勝仗。直到項梁渡江，他帶著部眾投靠項梁。

項梁渡江北上，是陳勝的舊部召平「矯詔」任命項梁為「上柱國」，這在故楚國是武將最高職位，要項梁出兵西上，迎戰秦軍。

項梁渡過長江，聽說東陽（今安徽省天長縣）縣的年輕人擊殺縣令，集結二萬餘人，要求令史（縣令幕僚長）陳嬰當王。

陳嬰的母親對他說：「突然降臨的大頭銜，是不祥的。不如追隨一位領袖，事成則封侯，萬一事敗，逃匿也比較不顯眼。」

剛好，項梁派出使節到東陽，邀請陳嬰聯軍西伐。陳嬰於是召集諸將，說：「項氏世代擔任楚國大將，我們投靠名門，才能成大事。」將指揮權交給項梁。

【原典精華】

嬰母謂嬰曰：「自我為汝家婦，未嘗聞汝先世之有貴者。今暴①得大名②，不祥；不如有所屬。事成，猶得封侯；事敗，易以亡，非世所指名也。」嬰乃不敢為王，謂其軍吏曰：「項氏世世將家，有名於楚；今欲舉大事，將非其人不可。我倚名族，亡秦必矣！」其眾從之，乃以兵屬梁。

①暴：突然。
②大名：大頭銜。

陳勝死後，楚地義軍一時群龍無首，項梁因為父親項燕的光環，使得義軍紛紛投效，填補了陳勝敗亡之後的空間，渡江後迅速擴充到六、七萬人，包括劉邦和張良也加入他的陣營。

——《資治通鑑．秦紀三》

22、楚雖三戶，亡秦必楚

項梁打敗了自稱楚王的景駒，在薛城召集義軍諸將集會，商量共推義軍領袖。一位聲望很高的智謀之士范增，當時已經七十歲高齡，生平好奇計，對項梁說：「陳勝敗亡是注定了的。當初秦滅六國的過程，楚國最不甘願，楚懷王被騙去秦國，遭扣押不放回來，楚人到今天還疼惜他。所以，楚國有一位預言家南公說『楚雖三戶，亡秦必楚』。如今陳勝首先起義，卻不擁立楚王後代，而自立為王，當然支持不久。而閣下自江東起兵，楚地各義軍紛紛加入你的陣營，就是因為你們家世世代代擔任楚國大將，期待閣下能為楚復國呀！」

項梁這才明白，為什麼一路都有義軍加入的原因。於是他派人明查暗訪，在民間找到了楚懷王的孫子芈心（故楚王室姓芈，芈音「米」），他雖然只是個受僱於人的牧羊人，項梁仍擁立他為王，並且襲用「楚懷王」的名號。任命陳嬰為上柱國，輔佐懷王，項梁則自稱武信君。

【原典精華】

居鄛人范增，年七十，素居家，好奇計，往說項梁曰：「陳勝敗固當。夫秦滅六國，楚最無罪①。自懷王入秦不反，楚人憐之至今，故楚南公曰『楚雖三戶，亡秦必楚』也。今陳勝首事②，不立楚後而自立，其勢不長。今君起江東，楚蠭午③之將皆爭附君者，以君世世楚將，為能復立楚之後也。」於是項梁然其言，乃求楚懷王孫心民閒④，為人牧羊，立以為楚懷王，從民所望也。

——《史記．項羽本紀》

張良遊說項梁：「故韓國王室諸公子當中，橫陽君韓成最為賢能，建議立他為韓王，增加楚國的盟友。」項梁撥給他一千多人的軍隊，支持韓成為韓王，任命張良為宰相，攻掠故韓國土地。但是，秦軍章邯來勢洶洶，韓成與張良不敢硬碰硬，只能打打游擊而已。

事實上，章邯當時已經打敗魏國，魏王魏咎自焚而死。章邯又擊敗前來援救魏國的齊、楚聯軍，齊王田儋戰死。田榮立田儋的兒子田市為齊王，收拾殘兵敗將，在章邯軍轉移之後，迅速光復齊國國土。

項梁立魏咎的弟弟魏豹為魏王，撥數千軍隊給他，讓他攻掠故魏國土地。項梁親率劉邦、項羽攻擊章邯，楚軍先勝，章邯固守濮陽（今河北省濮陽縣），雙方陷入對峙。

①無罪：不服。
②首事：率先起事。
③蠭：「蜂」的本字。蠭午：猶言「蜂起」，如蜜蜂般大量出現。
④閒：同「間」。

23、趙高誣殺李斯

章邯率領的秦軍，在東方前線與項梁僵持。可是秦帝國首都咸陽卻發生了劇變。

秦二世延續他老爹的好大喜功與嚴刑峻法，可是卻沒有秦始皇那股勤於政事的精神毅力，每天淫逸玩樂，不上朝也不接見大臣。大臣要晉見皇帝，得先透過趙高，於是大小事情都由趙高把持。

左丞相李斯當初與趙高一同策劃、導演政變，而且是百官首領，乃成為趙高獨攬大權的唯一阻礙。趙高決定要除去這個眼中釘，於是設計了一個陰謀。

趙高去見李斯，說：「關東群盜作亂，可是皇上仍然大興土木建築阿房宮，還花錢收集天下珍禽異獸這些沒用的東西。我很想進諫，可是人微言輕。這應該是閣下的職責，閣下為何不進諫呢？」

李斯說：「我早就想要進諫了，可是皇帝不上朝，我沒機會進諫啊！」

趙高說：「沒問題，這個我來安排。」

趙高選了一個時機，秦二世正在後宮與姬妾歡樂，派人通知李斯「現在是奏事的好時機」，李斯急忙到宮門請見，當然大大敗壞了秦二世的興致。

【原典精華】

高聞李斯以為言①，乃見丞相曰：「關東群盜多，今上急益發繇治②阿房宮，聚狗馬無用之物。臣欲諫，為位賤。此真君侯之事，君何不諫？」

李斯曰：「固也，吾欲言之久矣。今時上不坐朝廷③，上居深宮，吾有所言者，不可傳也，欲見無閒④。」趙高謂曰：「君誠能諫，請為君候上閒語君。」

於是趙高待二世方燕樂，婦女居前，使人告丞相：「上方閒⑤，可奏事。」丞相

①為言：有怨言。
②繇：同「徭」，差役。治：建築。繇治：動員民工大興土木。
③坐朝廷：上朝親政。
④閒：此處同「間」，機會。
⑤閒：此二處是「空閒」的意思。

至宮門上謁，如此者三。二世怒曰：「吾常多閒⑤日，丞相不來。吾方燕私，丞相輒來請事。丞相豈少我哉？且固我哉？」

——《史記．李斯列傳》

如此情況發生了三次，秦二世愈來愈不耐煩李斯。趙高於是見縫插針，報告「李斯的兒子李由擔任三川郡守，盜匪（叛亂團體）經過三川時，完全不採取行動」，有跟叛亂團體勾串的嫌疑。

李斯也聽到消息，於是上書揭發趙高的罪狀。可是嬴胡亥偏袒趙高，將李斯的奏章給趙高看，趙高對秦二世說：「丞相在外面的威勢太大，甚至超過皇帝，恐怕他會幹田常那種事情。」

田常是戰國「田氏篡齊」的主角，也就是趙高誣告李斯謀反——古今中外最有效的讒言，就是誣以謀反，所以秦二世下令將李斯下獄，由趙高負責審理。

最終，趙高讓秦二世相信，李斯是真的想要謀反，「陰謀叛亂集團」還包括右丞相馮去疾、太尉馮劫。這一招等於將趙高在文官系統中的敵人完全清除，馮去疾與馮劫自殺，李斯不願自殺，獨自向監獄報到，繼續司法抗爭。可是在趙高酷刑拷打千餘次之後，李斯不堪刑求，只好認罪。

李斯之所以認罪，是對自己的辯才有信心，一定可以打動秦二世，讓自己獲得昭雪。可是他低估了趙高，所有奏章都先到趙高手上，趙高將它們通通丟進垃圾桶，說：「囚犯有什麼資格表達意見？」

趙高更派出自己的心腹，假稱是皇帝使節，到監獄問案。李斯以為是奏章生效了，向「使節」傾訴冤屈，結果每次都招致毒打。李斯熬不過，只好繼續自誣。

終於有一天，秦二世派來真正的使節，到監獄做最後認定的問案。李斯以為又是趙高派來的假使節，自誣說「謀反是實」。使者回報，秦二世說：「好險！若不是有趙高，差點就被丞相出賣了。」於是最終判刑確定：李斯父子同處腰斬。

【原典精華】

趙高使其客十餘輩詐為御史、謁者、侍中，更往覆訊斯。斯更以其實對，輒使人復榜之⑥。后二世使人驗斯，斯以為如前，終不敢更言，辭服⑦。奏當上，二世喜曰：「微⑧趙君，幾為丞相所賣。」

——《史記．李斯列傳》

李斯和小兒子一同綁赴刑場，李斯對小兒子說：「我們父子想要像以前一樣，牽著黃狗一同出上蔡縣城的東門追逐狡兔，是沒希望了。」父子相擁而泣，一家三族都被殺。

【原典精華】

具斯五刑，論腰斬咸陽市。斯出獄，與其中子俱執，顧謂其中子曰：「吾欲與若復牽黃犬俱出上蔡東門逐狡兔，豈可得乎！」遂父子相哭，而夷三族⑨。

——《史記．李斯列傳》

⑥榜：刑具。榜之：用刑。
⑦辭服：供詞認罪。
⑧微：若不是、如果沒有。
⑨夷三族：誅殺父、母、妻三族。

24、項梁陣亡

咸陽的宮廷權力鬥爭進行同時，東方戰場上也發生了重大變化。

項梁在東阿、定陶（都在今山東省）兩度大敗秦軍，劉邦、項羽也在雍丘（今河南省杞縣）大敗秦軍，擊斬三川郡守李由（李斯的大兒子，因戰死而沒趕上被腰斬）。

一連串輝煌戰果，使得項梁臉上露出得意之色。

他有一位參謀宋義是故楚國宰相，向他提出勸諫：「打了勝仗以後，若將領驕傲、士卒懈怠，這種軍隊一定會敗。如今我軍士卒已經出現懈怠跡象，而秦兵的人數卻仍然在增加中。我為閣下擔心啊！」

項梁聽不進這話，反而派宋義出使齊國。這時候的齊王是田市，由田榮擁立。

宋義往齊國途中，遇到齊王派出的使者田顯。宋義問：「閣下是要去見武信君嗎？」

田顯說：「是的。」

宋義說：「我認為武信君必敗。閣下走得慢一點則免死，走得太快，會剛好遇上禍事。」

果然被他說中，秦二世調撥更多軍隊給章邯，章邯攻擊項梁，大破楚軍，項梁戰死。

【原典精華】

項梁起東阿，比至定陶，再破秦軍，項羽等又斬李由，益輕秦，有驕色。宋義乃諫項梁曰：「戰勝而將驕卒惰者敗。今卒少惰矣，秦兵日益，臣為君畏之。」項梁弗聽。乃使宋義使於齊。道遇齊使者高陵君顯，曰：「公將見武信君乎？」曰：「然。」曰：「臣論武信君軍必敗。公徐行即免死，疾行則及禍。」秦果悉起兵益章邯，擊楚軍，大破之定陶，項梁死。

——《史記．項羽本紀》

當時天降連綿大雨，一連下了三個月不停，劉邦與項羽正在外地作戰，得到項梁死訊，軍心震恐，只好東撤，退至楚懷王根據地彭城（今江蘇省銅山縣）周圍。

齊王使者高陵君對楚懷王說：「宋義早就看出項梁必敗跡象，此人的確懂得兵法。」

楚懷王召見宋義，相談甚悅，就封宋義為「卿子冠軍」，節制所有軍隊。

楚懷王又與諸將約定：「哪一位先攻進關中者，就在關中為王。」項羽痛恨秦軍殺了項梁，主動請纓西征關中，可是楚懷王不想讓項羽得這個功勞，就說：「你的仇人章邯正包圍趙王於鉅鹿（今河北省平鄉縣），就派你加入援趙兵團。」援趙兵團由宋義擔任上將軍，項羽為次將，范增為末將。西征兵團則由劉邦領軍。

25、鉅鹿圍城

陳勝敗亡、項梁陣亡之後，關東義軍根本不是章邯（秦軍）的對手。楚懷王命令項羽隨宋義救趙、劉邦西征，這一場逐鹿大戲乃分為三個場景：一是劉邦的西征進展，基本上順利，暫且不表；二是宋義救趙，進展緩慢，下一章再講；三是章邯包圍趙國君臣在鉅鹿（今河北省邢台市鉅鹿縣），情況緊急，必須先講。

章邯在擊敗項梁之後，認為楚懷王不足為患，大軍轉北渡黃河，直指趙國。秦軍一路勢如破竹，攻進趙都邯鄲，將居民遷移到河內（今河南省的黃河北岸），夷平邯鄲城郭。

張耳護著趙王趙歇避到鉅鹿，被秦將王離團團圍住。陳餘向北轉進，收編常山義軍，集結數萬人，駐紮在鉅鹿城北。

章邯大軍則駐紮鉅鹿南方，供應王離軍隊糧械無缺，採取「圍點打援」戰術——王離圍鉅鹿，章邯打援兵。

當時燕、齊也都派兵來救援鉅鹿，可是都只緊靠陳餘的營壘駐紮，沒人敢前進，包括張耳的兒子張敖在內。

鉅鹿城被圍困好幾個月，張耳數度派人穿越包圍線，去向陳餘求救，可是陳餘自度力不足以對抗章邯，不肯發動攻擊。

張耳在圍城內，情緒由失望轉為憤怒，派張黶、陳澤去責問陳餘：「咱倆過去相許為刎頸之交，如今趙王和我命在旦夕，閣下擁兵數萬卻不肯相救，還談什麼共生死！如果信守過去的誓言，何不一同殺向秦軍，是生是死都一起？說不定還有十分之一、二的獲勝機會。」

陳餘說：「我自度即使發動攻擊也無法戰勝，徒然派軍隊去送死而已。我現在不一同赴死，是保留為趙王與張君復仇的力量。如果現在一同赴死，好比拿自己的肉去放在飢餓的老虎前面，有什麼用呢？」

張黶、陳澤說：「眼前情況緊急，閣下只有選擇一同赴死才能維持信譽，哪還考慮將來的事情？」

陳餘只好撥給張、陳二人五千軍隊，嘗試攻擊秦軍，自己率主力視戰況投入。但那五千人就如羊入虎口，全軍覆沒，陳餘於是繼續按兵不動。

【原典精華】

鉅鹿城中食盡兵少，張耳數使人召前陳餘，陳餘自度兵少，不敵秦，不敢前。數月，張耳大怒，怨陳餘，使張黶、陳澤往讓陳餘曰：「始吾與公為刎頸交，今王與耳旦暮且死①，而公擁兵數萬，不肯相救，安在其相為死！苟②必信，胡不赴秦軍俱死？且有十一二相全。」

陳餘曰：「吾度前③終不能救趙，徒盡亡軍。且餘所以不俱死，欲為趙王、張君報秦。今必俱死，如以肉委餓虎，何益？」

張黶、陳澤曰：「事已急，要以俱死立信，安知后慮！」

陳餘曰：「吾死顧以為無益。必如公言。」乃使五千人令張黶、陳澤先嘗秦軍，至皆沒。

——《史記・張耳陳餘列傳》

鉅鹿城危在旦夕，而諸侯軍只能觀望，不敢行動，即使行動也是送死。於是，鉅鹿城乃成為一個士氣消長的指標，若最終鉅鹿城淪陷，關東起義軍將真的淪為「群盜」了。起義軍唯一的希望只剩下楚軍，可是，楚軍卻姍姍來遲。

①旦：日出。暮：日落。旦暮且死：性命朝不保夕。
②苟：如果。
③度：破音字讀「舵」，盤算。前：前進、進攻。

26、項羽殺宋義

宋義號稱卿子冠軍，頭銜響亮，其實心裡沒有底。他雖然略懂兵法，卻沒真正帶兵打過仗。因此，宋義雖手握大軍，卻不敢直赴前線，走到半路停下休息，四十六天不前進。

項羽急著為項梁報仇，對此至為不耐，就催宋義進軍，說：「秦軍包圍鉅鹿，我們現在加速進軍，楚軍從外面、趙軍從裡面，內外夾擊，一定能大破秦軍。」

宋義對項羽說：「不對。拍打牛背上的牛虻，不能費工夫去對付皮下的蝨子。如今秦攻趙，秦若勝則軍隊疲累，我們可以趁他疲累時再發動攻擊；秦若敗，則我軍向西進軍，直入關中。所以，不如先坐觀秦、趙相鬥，我軍可坐收漁利。小老弟，披堅執銳我不如你；可是運用策略，你不如我啊！」

【原典精華】

宋義曰：「不然。夫搏①牛之蝱②不可以破蟣蝨③。今秦攻趙，戰勝則兵罷④，我承其敝⑤；不勝，則我引兵鼓行而西，必舉秦矣。故不如先鬬秦趙。夫被堅執銳，義不如公；坐而運策，公不如義！」

——《史記．項羽本紀》

於是宋義下令：「那些凶猛如虎、凶狠如羊、貪婪如狼，逞強而不聽命令者，一律處斬！」這項命令，顯然是針對項羽和他所代表的楚軍主戰派而來。

同時，宋義派他的兒子宋襄去齊國當宰相，意在「後鉅鹿階段」能統合楚、齊之兵，聯合攻秦。

宋義以盛大酒宴為兒子送行，時值天寒大雨，士卒受凍挨餓，項羽乃煽動將士情緒，

①搏：打。
②蝱：同「虻」，音「蒙」，吸動物血的蟲子，寄生牛身上的稱為牛虻。
③蟣：音「己」，蝨的幼蟲。
④罷：破音字讀「皮」，同「疲」。
⑤敝：同「弊」，衰敗。

說：「停在這裡不前進，弟兄們只能吃芋頭野菜，那傢伙卻大吃大喝，說什麼『等待秦兵疲敝』。秦軍比趙軍強盛太多，攻破鉅鹿之後，只會更強，哪裡還有機可乘！」將士群情激動，都支持項羽，主張速赴前線決戰。

第二天早上項羽朝見宋義，就在上將軍帳中斬下宋義腦袋，出帳宣布：「宋義陰謀聯合齊國反楚，楚王有密令要我誅殺他。」

諸將都擁護項羽，說：「首先擁立楚王的就是將軍家，如今將軍誅殺亂臣，是正義之舉。」一同擁戴項羽代理上將軍，派出軍隊追殺宋義的兒子。再派使者告知楚懷王，楚懷王見形勢比人強，任命項羽為上將軍。

項羽殺了卿子冠軍之後，聲名遠播，鉅鹿城外的諸侯軍隊視他為唯一希望，項羽當然也率領楚軍加速趕赴鉅鹿。然而，章邯大軍訓練有素，人數上也有優勢，項羽怎麼擊敗章邯呢？

27、破釜沈舟

項羽派英布與蒲將軍（名不詳）帶領二萬軍隊渡過漳水，先打了一場小勝仗，切斷了章邯供應王離糧械的路線，陳餘趕快派人請項羽大軍渡河，當然，章邯也調集了大軍，預備「打援」。

項羽在所有軍隊都渡過漳水後，下令將渡河船隻全數鑿沈、將煮飯的鍋具全數打破，再將軍隊宿營的帳篷全數燒掉，全體官兵每人只能帶三日口糧，顯示必死的決心，而士卒也都完全拋棄回頭的思考。

【原典精華】

項羽乃悉①引兵渡河，皆沈船，破釜甑②，燒廬舍，持三日糧，以示士卒必死，無一還心。

——《史記·項羽本紀》

到了鉅鹿外圍，向王離圍城軍展開攻擊，一連進行九次戰鬥，大破秦軍，王離被俘，另一位秦軍將領自殺。

那一仗打得震懾人心。諸侯軍在鉅鹿外圍建了十幾座壁壘，沒一個敢出兵。楚軍攻擊時，諸侯軍都只敢做「壁上觀」（從壁壘之上旁觀），眼見楚軍個個以一當十，耳聽楚兵呼聲震天，只教所有義軍將領驚心動魄，心懷畏懼。

等到楚兵大破秦軍，項羽召見諸侯將領，這些將領一進入項羽轅門，一個個自動矮了一截——膝行而前，沒人敢抬頭正眼看項羽。

從此，項羽成為諸侯的上將軍，號令諸侯，無人敢反對。

【原典精華】

當是時，楚兵冠諸侯。諸侯軍救鉅鹿下者十餘壁，莫敢縱兵。及楚擊秦，諸將皆

> 從壁上觀。楚戰士無不一以當十，楚兵呼聲動天，諸侯軍無不人人惴恐。於是已破秦軍，項羽召見諸侯將，入轅門③，無不膝行而前，莫敢仰視。項羽由是始為諸侯上將軍，諸侯皆屬焉。
>
> ——《史記‧項羽本紀》

項羽一戰成名，可是章邯呢？章邯怎麼沒跟項羽對上？

章邯的既定戰略是「圍點打援」，這個戰略的目的在殲滅援軍，因此執行要領在吸引敵方援軍盡量投入戰場之後，才將己方的「打援」主力投入。出乎章邯意料之外的是，項羽「破釜沈舟」將所有力量毫不留退路的投入戰鬥，秦軍先被楚軍的氣勢鎮住，等到回過神來，卻已經來不及了——王離陣亡，圍城秦軍潰敗，鉅鹿城北諸侯軍已與項羽會合，雙方氣勢互為消長，主被動已經易位。

①悉：完全。
②釜：鍋子。甑：音「憎」，一種瓦器炊具。
③轅門：古時戰車前面兩旁用來控制方向的木頭稱為「轅」，部隊駐紮時，將戰車並排，車轅相對形成一個門，稱轅門，後世稱軍營大門為轅門。

於是章邯按兵不敢出戰，甚至數次轉移陣地，由適合攻擊的地形，轉移到適合防守的地形，卻因此被秦二世派來使節責備。

章邯心生恐懼（怕秦法嚴酷），就派長史（參謀長）司馬欣去咸陽報告情況。可是司馬欣到了咸陽之後，在皇宮外門等候三天，趙高都不予接見。司馬欣陷入恐慌，不敢留在咸陽，加速趕回軍中，甚至不敢走來時路。果然趙高派兵追他，結果沒追到。

司馬欣回到前線，對章邯說：「趙高掌握大權，隻手遮天，沒有任何人可以參加意見。如今我們即使打勝仗，也必定遭趙高妒忌；如果吃敗仗，肯定不免於死。將軍請仔細考慮進止。」言下之意，是希望章邯投降，但是章邯卻擔心，他殺了項梁，是項羽的仇人，心中拿捏不定。這時，陳餘寫了一封信給章邯，發揮了臨門一腳的功能。

陳餘在信上說：「……如今閣下擔任秦國大將三年，損失士眾數以十萬計，可是天下諸侯併起，愈剿愈多。趙高在朝中用事，外面情況緊急，他也怕秦二世誅殺他，所以只能將責任推在將軍閣下的頭上。所以說，將軍目前的處境，可以說是有功也被誅，無功也被誅。更何況，天命已經注定要亡秦，將軍何不與諸侯合力抗秦，一同攻向咸陽，一同瓜分天下，大家都南面稱王，那可比自己被砍頭好多了！」

章邯心中仍然狐疑，私下派人去聯絡項羽，試探講和的可行性。這位密使的任務尚未達成，項羽已經派出蒲將軍出擊，連續擊敗秦軍兩陣，項羽自己又領大軍，重擊秦軍一陣。

章邯見情況緊急，只好公開派出使節求和。項羽召集參謀，說：「我們糧食存量不多，我想要接受他的求和。」參謀都贊成。於是項羽和章邯約好時間、地點、盟誓、簽約。項羽封章邯為雍王（雍州就是關中地區），留在楚軍本部，派司馬欣為上將軍，率領秦軍擔任進攻咸陽的先頭部隊。

28、張耳陳餘反目成仇

項羽威震諸侯，降服章邯，率領諸侯大軍西向進攻關中，且按下不表。鉅鹿這個殘破的戰場，兩位刎頸之交卻因一場患難而決裂。

鉅鹿城解圍後，趙王與張耳出城向諸侯致謝。張耳見到陳餘，責問他為何不出兵救邯鄲，又追問張黶和陳澤的下落。

陳餘也動了氣，說：「張黶和陳澤用言語擠兌我非送死不可，我撥五千人馬給他們去試試看，結果全軍皆沒。」

張耳不相信這個說法，認為是陳餘殺了張、陳二將。

陳餘見刎頸之交如此誤解自己，氣急敗壞的說：「沒想到閣下如此怨恨在下！莫非以為我戀棧這個將軍職位嗎？」當場解下將印，推向張耳，起身如廁。張耳為他這個動作驚愕，一時不知所措。

張耳的一位參謀對他說：「天與不取，反受其咎。此時若將軍不收下，就是違背天意，趕快收下吧。」於是張耳乃將將印佩在身上。

陳餘從廁所出來，看見張耳已經將將印佩在身上，既傷心又憤怒，快步出帳而去，頭也不回。張耳於是接管了陳餘的部眾，陳餘只帶著平常最親近的數百部下，在滏陽河附近水域打游擊。

這一對最佳拍檔，從此分道揚鑣。

【原典精華】

張耳與陳餘相見，責讓陳餘以不肯救趙，及問張黶、陳澤所在。陳餘怒曰：「張黶、陳澤以必死責①臣，臣使將五千人先嘗②秦軍，皆沒不出。」張耳不信，以為殺之，數問陳餘。

①責：要求。
②嘗：嘗試，讓二將出擊，嘗試秦軍實力。

陳餘怒曰：「不意君之望③臣深也！豈以臣為重去將④哉？」乃脫解印綬⑤，推予張耳。張耳亦愕不受。陳餘起如廁。

客有說張耳曰：「臣聞『天與不取，反受其咎』。今陳將軍與君印，君不受，反天不祥。急取之！」張耳乃佩其印，收其麾下。而陳餘還，亦望③張耳不讓，遂趨出。張耳遂收其兵。陳餘獨與麾下所善數百人之河上澤中漁獵。由此陳餘、張耳遂有郤⑥。

——《史記·張耳陳餘列傳》

趙王歇留在趙國當王，張耳帶領趙軍隨項羽西征，陳餘流落江湖。鉅鹿圍城已解，場景再轉到劉邦。

③望：怨。用法如「怨望」。
④去：放棄。去將：放棄兵權。
⑤綬：繫印的帶子。
⑥郤：破音字讀「細」，同「隙」，裂痕。

29、彭越

劉邦的西征進展相當順利。他選擇了黃河南邊的路線，一開始接連擊敗秦軍，情況跟之前關東義軍一般順利，幾乎沒有遭受太多抵抗。接著與魏國將領皇欣聯手，取得了一次重大勝利。

當時的魏王是魏豹，親自領軍救援鉅鹿（也是「壁上觀」諸侯之一），後來隨項羽西征關中。皇欣名義上是魏軍將領，實質上也是一支義軍，「加盟」魏王而已，如今則加盟沛公劉邦。

故魏國地界上，另一支義軍，沒有加盟任何諸侯國，領袖名叫彭越，此時也跟劉邦聯手。

彭越其實起義得很早。當陳勝、吳廣起義時，鉅野（今山東省鉅野縣）地方的年輕人要彭越帶領他們起義，彭越說：「兩條龍正在相鬥，我們且等一等，不急著跳進去。」

後來人數聚集超過一百人了，少年們再要求彭越起義。彭越先不答應，經再三請求，勉強同意，乃與大夥兒相約：明天天亮後集合，遲到的斬首。

第二天日出，大多數都來了，卻有十幾位遲到，最後一位更遲至日中才到。彭越說話了：「大家推我當老大，老大的命令必須貫徹。可是我也不能將遲到的人通通都殺了，就殺最晚到那一個。」下令隊長將最遲到那人斬首。

那些遲到者一個個陪笑臉，說：「哪有那麼嚴重啊，以後不敢，也就是了。」

彭越大步向前，拉過那最遲到達的人，當場斬殺。然後設壇祭祀，下達軍令。同夥個個都嚇呆了，正眼都不敢看彭越。

【原典精華】

（彭越對澤中少年）與期①旦日②日出會，後期者斬。旦日日出，十餘人後，後者至日中。於是越謝曰：「臣老，諸君彊以為長。今期而多後，不可盡誅，誅最後一人。」令校長③斬之。皆笑曰：「何至是？請後不敢。」於是越乃引一人斬之，設祭壇，乃令徒屬。徒屬皆大驚，畏越，莫敢仰視。

——《史記・魏豹彭越列傳》

劉邦大軍開到故魏國地界，攻擊昌邑（今山東省金鄉縣），彭越加入圍攻。但是昌邑城池堅固，不易攻破，劉邦決定放棄攻城，繞道繼續往西。

彭越仍然留在老地盤打游擊，並未追隨劉邦。但彭越是逐鹿大戲的要角之一，這次是他與劉邦首度合作，必須交代。

①期：約定。
②旦日：第二天。
③校長：隊長。彭越想必已經分派部屬，才有隊長。

30、酈食其

劉邦繞過昌邑，經過高陽（今河南省杞縣），在這裡遇到一位日後的重要謀臣酈食其。

酈食其是個寒士，不治生產，好為大言，縣人都稱他為狂生，他則自稱「高陽酒徒」。

陳勝、項梁等義軍崛起，酈食其對他們一個都看不上眼，只聽說沛公劉邦的作風，很對他的胃口。於是他對同鄉一位劉邦手下（剛好返家）說：「你去對劉邦說，同鄉有一位酈先生，年過六十，身長八尺，人家都稱他狂生，但酈生自認不狂，只是那些人程度不夠。」那位同鄉返回軍中，就向劉邦推薦「同鄉酈先生」。

劉邦經過高陽，住在驛站，想起曾經有人推薦酈食其，就派人去召酈生。酈食其到了，沛公卻坐在床上，讓女僕為他洗腳——這是非常輕慢的態度。事實上劉邦是故意的，他不止一次使用這招試探新交往的英雄豪傑，對於不同反應的人，劉邦會採取不同的手法加以籠絡。

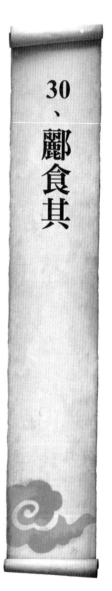

當時酈食其見狀，面向劉邦長揖不拜，說：「閣下是要幫秦國攻打諸侯？還是想領導諸侯攻打秦國呢？」

沛公聞言開罵：「你這個蛋頭書生，天下人因為秦帝國暴政已經吃苦很久了，所以諸侯相繼而起攻秦，你說的是什麼屁話？說我要幫助暴秦攻打諸侯？」

酈食其說：「閣下若是要聚集兵眾、聯合諸侯攻秦，就不應該以這種傲慢的態度，接見一位長者。」

於是劉邦立刻停止洗腳，起立整肅儀容，恭請酈先生上座，向他致歉。酈食其乃向他述說戰國時六國合縱連橫的故事。

劉邦對此很有興趣，吩咐擺酒食款客，然後請教：「依先生高見，我現在西向進軍關中，有什麼妙計嗎？」

酈食其說：「閣下糾集一些烏合之眾、散亂之兵，人數不滿一萬，想要以此直攻強秦，那無異於羊入虎口。我認為，陳留（今河南省開封市境內）這地方是天下通衢要道，四通八達，陳留縣城內又屯積了很多米糧。我跟陳留縣令素有交情，請任命我為使節，勸他向你投降。即使他不聽從，閣下再發兵攻城，我可為內應。」

劉邦心想，能兵不血刃得到陳留，那當然好，於是派酈食其去遊說陳留縣令，縣令向劉邦投誠，沛公乃得到陳留。劉邦大樂，封酈食其為廣野君。

【原典精華】

沛公至高陽傳舍①，使人召酈生。酈生至，入謁，沛公方倨床②使兩女子洗足，而見酈生。

酈生入，則長揖不拜，曰：「足下欲助秦攻諸侯乎？且③欲率諸侯破秦也？」

沛公罵曰：「豎儒④！夫天下同苦秦久矣，故諸侯相率而攻秦，何謂助秦攻諸侯乎？」

酈生曰：「必聚徒合義兵誅無道秦，不宜倨⑤見長者。」於是沛公輟洗，起攝衣，延酈生上坐，謝之。酈生因言六國從橫時⑥。

沛公嘉，賜酈生食，問曰：「計將安出？」

酈生曰：「足下起糾合之眾，收散亂之兵，不滿萬人，欲以徑入⑦彊秦，此所謂探虎口者也。夫陳留，天下之衝，四通五達之郊也，今其城又多積粟。臣善其令，請得使之，令下足下。即不聽，足下舉兵攻之，臣為內應。」

> 於是遣酈生行，沛公引兵隨之，遂下陳留。號酈食其為廣野君。
>
> ——《史記・酈生陸賈列傳》

酈食其為劉邦拿下了第一個重要據點，也展現他「逐鹿第一辯士」的實力，更重要的，他為劉邦西征的戰略定了調：以懷柔代替武力攻取。

①傳舍：驛站。
②倨：此處同「踞」，蹲坐。
③且：抑或，還是。
④豎：貶抑他人的用詞。「豎儒」常常用在咒罵頭腦不清或敗事的書生。
⑤倨：此處意為「態度驕傲」。
⑥從：同「縱」。酈食其為劉邦說戰國諸侯縱橫故事。
⑦徑：同「逕」，用法如「逕自」。徑入：直入。

31、招降納叛

劉邦繼續西行，進入故韓國地界。之前張良遊說項梁，立故韓國公子韓成為韓王，作為楚國的盟友。張良輔佐韓王攻掠了十餘座城池，沛公劉邦大軍西行到了韓國，張良很自然的與劉邦會師。沛公請韓王成留守陽翟（故韓國都城，今河南省禹縣），張良則帶領韓軍隨劉邦進攻關中。

沛公在南陽郡擊敗秦軍，秦國南陽郡守「齮」（音「以」，人名，姓不詳）死守宛城（南陽郡治，今河南省南陽縣），難以攻下。劉邦有意繞過宛城，張良看出劉邦急於入關，提出建議：「閣下急著要進武關（關中的南邊最重要關口，依楚懷王當初約定，劉邦只要進入武關在項羽之先，就可以稱王），可是秦軍數量仍多，且扼據險要，如果不攻下宛城，萬一宛城部隊襲擊你的背後，秦軍前後夾擊，將立即陷入險境。」

於是依張良之計，大軍佯做繞路，趁夜轉回宛城，天亮時，宛城已經被包圍三匝！

【原典精華】

南陽守齮走，保城守宛。沛公引兵過而西。

張良諫曰：「沛公雖欲急入關，秦兵尚眾，距險①。今不下宛，宛從後擊，彊秦在前，此危道也。」

於是沛公乃夜引兵從他道還，更旗幟，黎明，圍宛城三匝。

——《史記．高祖本紀》

張良得自黃石公的兵法，這是初試啼聲。分析張良的計謀模式，可以「拉鋸子」形容：用力拉鋸子，會產生阻力，此時不能硬拉，得放回去一點，再往後拉才能拉動。應用在戰術上，敵方逼急了會拚命，先放鬆一些，讓敵方的戰鬥意志鬆懈，然後再攻擊，就能大獲全勝。要領在於：將攻守節奏的主動權握在自己手中，要鬆要緊我決定。

①距：同「據」。距險：據守險要。

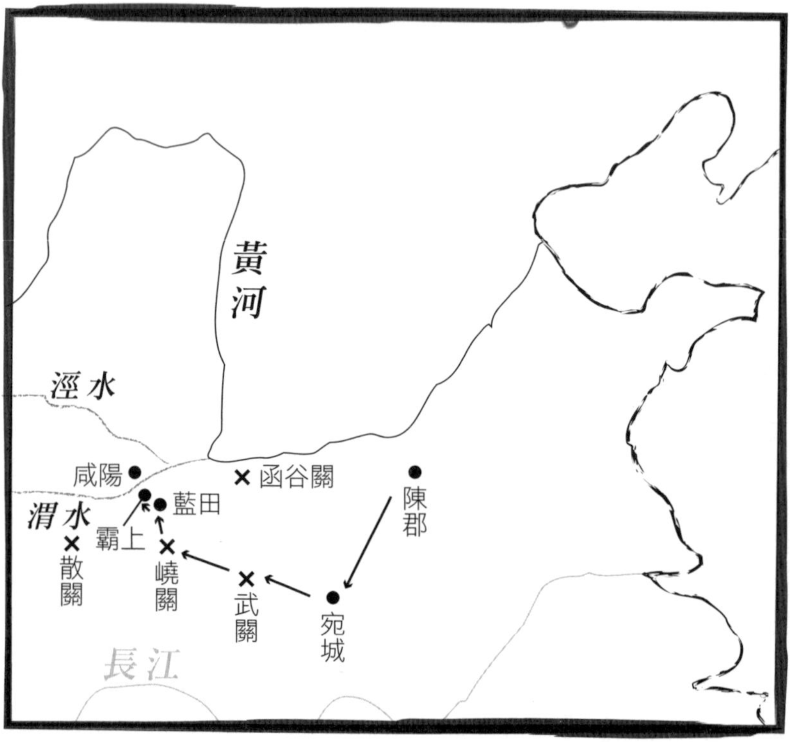

▲劉邦入關中

南陽郡守「齮」就著了他的計，原本以為狀況解除了，遽然遇到狀況逆轉，鬥志全失，張皇失措，舉劍想要自殺。

「齮」的幕僚陳恢勸住老闆輕生，自己跳城晉見沛公，說：「閣下進攻關中，如果令秦國軍民認為，敗戰或投降都只有死路一條，那麼，每個城池都會死守，閣下將會遭遇強烈抵抗。如果我是你，我會公開招降納叛，封給郡守一個官爵，帶走他的兵力，但賦予他守城責任。這樣，閣下西行將一路通行無阻。」

劉邦大喜，說：「好。」

於是封「齮」為殷侯，封陳恢為千戶（秦制爵位名稱）。大軍繼續西行，所有城池都望風歸降。

【原典精華】

南陽守欲自剄。其舍人陳恢曰：「死未晚也。」乃踰城見沛公，曰：「……為足下計，莫若約降，封其守，因使止守，引其甲卒與之西。諸城未下者，聞聲爭開門而待，足下通行無所累。」沛公曰：「善。」乃以宛守為殷侯，封陳恢千戶。引兵西，無不下者。

——《史記．高祖本紀》

南陽郡雖然不在關中，但是已經進入戰國時期的秦國疆界。秦國人民已經幾十年沒有被外國軍隊入侵，人心動盪，壞消息不斷傳至咸陽，秦帝國的中樞於是發生了巨大變化。

32、指鹿為馬

咸陽宮中，自從李斯被鬥垮，政權早就產生了質變。趙高一手遮天，所有事情全部由他決定。

趙高為了試探朝中大臣是不是都聽他的，於是設計演出了這麼一幕。

趙高牽了兩隻鹿上朝，獻給秦二世，說：「這是馬。」

二世問左右大臣：「那不是鹿嗎？」

誰知道，左右大臣居然口徑一致說：「那是馬。」（！）

【原典精華】

李斯已死，二世拜趙高為中丞相，事無大小輒①決於高。高自知權重，乃獻鹿，謂之馬。二世問左右：「此乃鹿也。」左右皆曰「馬也」。

——《史記．秦始皇本紀》

秦二世當時縱慾過度，還真以為自己神智不清了，召來太卜（負責卜著的官），命令他卜上一卦。太卜建議皇帝齋戒後卜卦，於是秦二世去到上林苑（皇家園林，占地很大）齋戒，每天在苑內遊獵。

有老百姓誤闖了上林苑，被秦二世射殺。趙高對二世說：「天子無故射殺無辜之人，這是上天不喜歡的事情，會降下災殃，應該避居外宮，以避開災禍。」於是二世移居到望夷的別宮。

由後來發生的事情看來，自太卜、到射死百姓、到避居外宮，都是趙高的精心布置。而後來的故事如何發展呢？

秦二世夜宿望夷宮，夢見一隻白虎咬死了他的左驂馬，醒來悶悶不樂，召人問卜。卦象顯示是「涇水為祟」，也就是涇水水神做怪。

①輒：每每。

涇水水神相傳是興建關中水利的鄭國（人名，秦昭王時興建鄭國渠）死後所化，秦國人民感念他、祀奉他。

秦二世派人將四匹白馬沈入涇水祭祀水神。（水神喜歡吃，就多請祂一些）

趙高發覺二世的情緒不穩，很難掌控，決定發動政變。於是派他的女婿咸陽縣令閻樂帶兵攻進望夷宮，斬殺衛兵司令，一路殺進宮中，凡抵抗者一律殺死，共殺了數十位宦官。

望夷宮中惶懼不安，宦官都逃光了。秦二世拉住身旁僅剩的一位宦者問：「你為什麼不早點告訴我？」

那位相對忠心的宦者說：「我因為不說才能活到今天。如果我早說，就早死了，哪還能活到今天？」

【原典精華】

（閻）樂遂斬衛令，直將吏入，行射，郎宦者大驚，或走或格②，格者輒死，死者數十人。郎中令與樂俱入，射上幄坐幃。二世怒，召左右，左右皆惶擾不鬭。帝有宦者一人，侍不敢去。二世入內，謂曰：「公何不蚤③告我？乃至於此！」

宦者曰：「臣不敢言，故得全。使臣蚤言，皆已誅，安得至今？」

——《史記・秦始皇本紀》

易言之，趙高既能「指鹿為馬」，二世就不再聽得到實情，只能聽到「趙高希望他聽到」的事情。無論如何，事已至此，後悔已莫及。

秦二世問閻樂：「我可以見丞相（趙高）嗎？」閻樂說：「不行。」

秦二世說：「我情願退位，給我一個郡當王。」也不行。

秦二世再降低請求：「當一個萬戶侯。」仍然不行。

二世再哀求：「讓我和老婆孩子當普通老百姓，跟其他公子一樣。」閻樂一概不聽，下令手下進攻。秦二世自殺，趙高立秦始皇的一位孫子公子嬰為秦王，將秦二世以百姓身分葬於咸陽宮中花園。

「指鹿為馬」的故事其實頗富寓言意味：「秦失其鹿」意指帝國崩潰、失去政權，而秦二世失去「稱鹿為鹿」的權力那一刻，已經預言了「秦失其鹿」。

②格：抵抗。
③蚤：同「早」。

33、子嬰殺趙高

趙高發動政變殺秦二世，還有一個促發因素：

當初章邯派司馬欣到咸陽報告戰況失利，趙高擔心他一直「搗住」戰情不利就此被揭發，所以想要殺司馬欣滅口，卻被司馬欣見機得早而逃走。之後劉邦大軍進入秦國地界，派人私下跟趙高通消息，趙高甚至提出「與沛公分王關中」。但是劉邦不相信趙高，乃採用張良的計謀，派酈食其與陸賈遊說秦將，誘以重利，秦將因此放鬆了戒備，楚軍偷襲武關，攻下了關中南邊最險要的武關（今陝西省丹鳳縣境內）。

楚軍已經入關，趙高乃急於發動政變，希望掌握全數僅存的談判籌碼。

趙高殺了秦二世嬴胡亥，召集所有王子，宣布：「秦原本是一個王國，先帝（指秦始皇）統一天下，才稱皇帝。如今六國都已恢復國號，我們的疆土愈來愈小，不宜仍用皇帝稱號，應該恢復從前（秦國）才對。」於是擁立嬴子嬰（秦始皇的一個孫子）為秦王，教子嬰沐浴齋戒，定下日期祭祀太廟，正式接受玉璽。

子嬰跟兩個兒子密謀：「趙高謀殺二世皇帝，怕群臣討伐他，才假意推我為王。聽說趙高已經跟楚軍（劉邦）秘密約定，消滅秦國後，雙方瓜分關中稱王。現在教我沐浴齋戒朝見太廟，必定是想在那裡動手殺我。我不妨假裝生病，託辭不能前往，他必定親自來催，我們乘機把他幹掉。」

【原典精華】

趙高令子嬰齋戒，當廟見，受玉璽；齋五日。子嬰與其子二人謀曰：「丞相高殺二世望夷宮，恐群臣誅之，乃詐以義立我。我聞趙高乃與楚約，滅秦宗室而分王關中。今使我齋、見廟，此欲因廟中殺我。我稱病不行，丞相必自來；來則殺之。」

——《資治通鑑．秦紀三》

約定的時間到了，趙高三番五次派人去請子嬰，子嬰說不去就不去。趙高果然親自出馬，說：「國家祭祀大典，大王怎麼能夠不去親自主持？」嬴子嬰就在齋宮將趙高刺死，

34、秦帝國滅亡

沛公大軍已經推進到嶢關，劉邦想要發二萬兵去攻打，張良提出他的計謀：「秦兵仍然強大，不可以小看他，攻城只怕吃力不討好。我聽說，嶢關守將是屠夫之子（古時候並無屠宰專業，屠夫就是肉舖老闆），這種市儈之徒容易動之以利。請沛公您留在營壘之中，派一支部隊先行，載運五萬人的糧秣，開到附近山上，多張些軍隊旗號，作為疑兵。再令酈食其帶著貴重的財富去賄賂秦將，勸他歸順。」

張良對秦將的性格分析果然正確，秦將接受了禮物，表示願意和沛公聯軍攻向咸陽。劉邦聽到消息正高興得要答應這個提議，張良卻說了：「這只是守關將領一個人動念背叛秦帝國，只怕士卒並不情願（因為秦國法律嚴酷，背叛者的家人會受到懲罰）。如果士卒不聽從守將的命令，那就很危險了！不如乘他心防鬆懈時，發動突擊。」

於是劉邦發動攻城，大敗秦軍，攻下嶢關，再一路追擊，在藍田又連勝兩仗。就這樣大軍直逼咸陽城郭。

【原典精華】

沛公欲以兵二萬人擊秦嶢下軍，良說曰：「秦兵尚彊，未可輕。臣聞其將屠者子，賈豎①易動以利。願沛公且留壁②，使人先行，為五萬人具食③，益為張旗幟諸山上，為疑兵，令酈食其持重寶啗④秦將。」

秦將果畔，欲連和俱西襲咸陽，沛公欲聽之。良曰：「此獨其將欲叛耳，恐士卒不從。不從必危，不如因其解⑤擊之。」

沛公乃引兵擊秦軍，大破之。逐北至藍田，再戰，秦兵竟敗。遂至咸陽。

——《史記．留侯世家》

劉邦將部隊挺進到霸上（霸水北岸，今陝西省藍田縣北境），派出使節，表示希望與秦帝國約降。秦政府已形同瓦解，完全沒有抵抗的意志，於是子嬰坐著白馬拉的喪車，脖子上套著繩索（以示隨時準備自殺），車上帶著皇帝的所有印信：璽（官文書）、符（調兵遣將）、節（外交使節），在咸陽城外的軹道亭路邊，秦國君臣下車，向勝利軍投降。

多位楚軍將領主張，立即誅殺子嬰。沛公說：「當初大王（楚懷王）指派我西征，就是因為我能夠寬容。更何況他已經投降，殺降者一定不祥。」將子嬰交付軍法官監管。

大秦帝國自秦始皇削平六國，統一天下，建立中國歷史上第一個中央集權帝國，至此僅十五年，就結束了。

第一篇〈秦失其鹿〉至此也告段落，接下去是最精采的〈楚漢爭霸〉。

①賈：商人。豎：小子。賈豎：商人的兒子。
②壁：軍事陣地的柵欄。
③具食：糧草。
④啗：音「但」，原意為「餵食」，引伸為「收買」。
⑤解：同「懈」。

楚漢爭霸

35、約法三章

楚軍進入咸陽，諸將爭相進入秦國府庫掠奪財物，像強盜一樣瓜分。只有蕭何，直入宰相府，蒐集山川圖籍和戶籍土地檔案，瞭解天下險要、關卡、財富、人口與土地賦稅情況。這是劉邦後來得以關中為基地，爭勝天下的重要關鍵。

沛公劉邦本人進入咸陽秦宮，看見裡面的豪華裝潢，還有他從未見過的珍禽異獸，以及貴重的寶物與成群美女，真是心花怒放。記得他初見秦始皇儀仗時，曾經說過「大丈夫當如是也」，現在他真的可以好好過一下「大丈夫」的癮了，當然很想就此在咸陽宮中長住下來。

樊噲進諫，說：「沛公是想要爭霸天下？還是只想當個富家翁呢？這些玩意兒，都是造成秦帝國滅亡的原因，你要它們做啥？請趕快回到霸上軍營，不要留在宮中。」劉邦不聽。

張良進諫，說：「秦帝國施政不仁，沛公您才得以進入咸陽宮。正義之師為民除害，應該哀矜勿喜。如今才剛剛進入咸陽，就想要跟秦二世一樣享樂，這正是所謂『助桀所虐』（幫助延長暴政）。樊噲所說，是忠言逆耳、良藥苦口，沛公還是應該採納忠言才是。」劉邦於是同意回到軍中。

離開咸陽城之前，沛公將咸陽及附近各縣的父老與意見領袖召集起來，對他們宣布：「各位鄉親父老受秦國的苛法為虐太久了！我跟諸侯相約，先入關的就在關中稱王，所以，我理當稱王。本王與各位父老約定三條法律：殺人者死，傷人及竊盜接受與犯行相抵之刑罰。其他秦國的苛法一律廢除，所有官吏與人民都繼續過你們的正常生活。我們義軍前來，是為父老除害，不是要搶奪你們的財富，不必擔心害怕。我馬上要回到霸上軍營，等待諸侯到達，在此之前，先以此（約法三章）為法令。」

宣布約法三章之後，再派人協同秦國官吏到關中地區所有縣、鄉、邑布告周知。關中人民簡直高興死了（正常生活繼續，法令卻不再嚴苛），紛紛帶著牛、羊、酒食去霸上勞軍（關中父老都明白：雖是義軍，肚子扁扁就會變成不義之軍）。可是沛公卻一律不收，說：「公家糧倉裡食物充足，不須老百姓破費。」關中人民這下更喜歡沛公了，深怕劉邦不當秦（關中）王。

【原典精華】

沛公見秦宮室、帷帳、狗馬、重寶、婦女以千數，意欲留居之。樊噲諫曰：「沛公欲有天下耶，將為富家翁耶？凡此奢麗之物，皆秦所以亡也，沛公何用焉！願急還霸上，無留宮中！」沛公不聽。

張良曰：「秦為無道，故沛公得至此。夫為天下除殘賊①，宜縞素為資②。今始入秦，即安其樂，此所謂『助桀所虐』。且忠言逆耳利於行，毒藥苦口利於病，願沛公聽樊噲言！」沛公乃還軍霸上。

沛公悉召諸縣父老、豪傑，謂曰：「父老苦秦苛法久矣！吾與諸侯約，先入關者王之；吾當王關中。與父老約法三章耳：殺人者死，傷人及盜抵罪。餘悉除去秦法，諸吏民皆案堵③如故。凡吾所以來，為父老除害，非有所侵暴；無恐！且吾所以還軍霸上，待諸侯至而定約束耳。」

乃使人與秦吏行縣、鄉、邑，告諭之。秦民大喜。爭持牛、羊、酒食獻饗軍士。沛公又讓不受，曰：「倉粟多，非乏，不欲費民。」民又益喜，唯恐沛公不為秦王。

劉邦幸好回到霸上，因為，項羽大軍也到了。

——《資治通鑑·漢紀一》

①殘賊：指秦國暴政殘害人民。
②縞素：原意為白色布料，意指生活儉樸。資：用。縞素為資：節儉花費。
③案：次第。堵：原意為「牆壁」，喻「不動」。案堵：秩序不變。

36、項王來了

項羽在鉅鹿一戰威震諸侯，又接受秦軍三將投降之後，率領大軍浩浩蕩蕩西進關中。

然而，這一支大軍內部存在不可相容的仇恨：諸侯義軍當中，很多當年都被徵召去驪山做苦工，他們看到秦軍就勾起了舊恨新仇。因此在西進途中，諸侯義軍對投降的秦軍動輒打罵或言語凌辱。

秦軍上下一片怨恨，私下討論：「章將軍帶領我們投降，如果能攻進函谷關當然好，就怕萬一不勝，諸侯軍裹脅我們東撤，秦國卻將我們的父母、妻子殺掉，該如何是好？」

秦軍軍心不穩的風聲傳開，將領們向項羽反映。項羽召來英布，說：「秦軍情緒不穩，萬一大軍到了函谷關時，一哄而散，我軍將陷於險境。不如採取斷然手段……」

於是，英布發動夜襲，將二十餘萬秦軍降卒坑殺！只留三員降將章邯、司馬欣、董翳。

坑殺降卒之後，聽說沛公已經先入關，項羽大怒，催促加緊速度，所過諸城稍有抵抗者，攻克後一律屠城，卻因此遭遇更強抵抗，大軍進度反而遲滯。

終於，函谷關到了。可是項羽卻更生氣了，因為，城門居然緊閉不開。

原來，是有人給劉邦出了一個餿主意：「關中這個地方土地富饒十倍於天下，而且地形易守難攻。聽說項羽封章邯為雍王（關中為古雍州之地），顯然想要讓他擔任關中王。他（項羽）一旦來到，沛公恐怕不能在此立足了。應該趕快派兵把守函谷關，不讓諸侯軍隊進入關中，並且徵召關中戰士防衛，可以永久占有。」劉邦居然頭殼壞去，認為真的可以守得住，乃依計進行。

項羽下令英布攻城，攻下了函谷關，駐軍鴻門坂（驪山的一面寬闊山坡）。

這時候出現了一個投機倒把的小人，沛公帳下左司馬曹無傷，他派人向項羽密報：「沛公想要在關中稱王，任命嬴子嬰為宰相，秦宮中的奇珍異寶都已經被他搜括一空，準備用這些財寶，求得楚懷王封他為關中王。」

項羽聽到這項密報，更如火上加油，下令全軍飽食，準備隔天向沛公發動拂曉攻擊。

那時候，項、劉兵力懸殊：項羽有四十萬大軍，號稱百萬；劉邦只有十萬軍隊，號稱二十萬。

當初向項梁提出「亡秦必楚」的范增，對項羽說：「劉邦在山東（太行山以東）時，貪財好色。如今入關之後，卻一改作風，財物都不取、美女也不沾，顯示他懷有強大野心。我請人去望沛公軍營的氣，氣流呈現龍虎形狀，五彩分明，那是天子之氣。應該加速攻擊，不得延誤，不可留情。」

【原典精華】

范增說項羽曰：「沛公居山東時，貪於財貨，好美姬；今入關，財物無所取，婦女無所幸，此其志不在小。吾令人望其氣，皆為龍虎，成五采，此天子氣也。急擊勿失。」

——《史記．項羽本紀》

范增的說法與曹無傷的密告內容顯然矛盾（劉邦到底貪不貪？），可是項羽已經箭在弦上，眼看一場義軍內戰就將爆發，此時出現了一位和事佬。

37、鴻門宴

項羽的一位叔父（項梁是另一位）人稱項伯，在楚軍擔任左尹（左軍指揮官），與張良有著深厚私交。他知道項羽要攻擊劉邦，心憂故人張良安危，於是趁夜騎馬馳往沛公軍營，私下見到張良，告訴他情況緊急，要張良和他一同投奔項羽，說：「不必陪他（劉邦）送死。」

張良說：「我的父祖世代為韓相，我又是代表韓王與沛公一同入關。如今沛公面臨危急，我私自逃亡是不義，不能不向他報告。」

張良入見，將情況報告沛公。劉邦大驚失色，說：「那該怎麼辦？」

張良問：「到底是什麼人為大王出那個餿主意（派兵防守函谷關）的？」——注意張良對劉邦的稱謂，從「沛公」改成「大王」。雖然劉邦並未稱王，可是既然對項羽已經改稱項王，自己人私下當然也就稱大王了。

劉邦說：「是鯫生提議的。」鯫是一種淺水小魚，劉邦的意思是「小人提議」——劉邦並沒有出賣獻策之人。

張良說：「大王自認為軍隊戰力足以抵抗項王嗎？」

沛公一陣默然，然後說：「當然不是他對手。那該怎麼辦？」

張良說：「趕快去對項伯說明，說沛公不敢違背項王。」——注意此處張良對項羽和劉邦的稱謂。

劉邦問：「你怎麼跟項伯有交情？」（懷疑張良的忠誠）

張良說：「我倆很早就認識交往，項伯曾經因殺人而犯罪，我救了他一命，所以今天才會來通知我事情緊急！」

劉邦問：「你倆誰年紀較長？」

張良說：「項伯比我大。」

沛公說：「你請他進來，我將以兄禮對待。」

項伯入見，沛公雙手捧著酒杯，向項伯敬酒祝福，約為兒女親家，說：「我入關以後，秋毫不敢接近。只有將戶口造冊、府庫加封，等待項（羽）將軍到來（劉邦不稱「項王」，仍稱項將軍）。之前派人守函谷關，只是防備盜匪出入，並備萬一。我日夜盼望將軍到來，哪敢與他作對呢？懇切的拜託項伯能將在下一片忠心向將軍報告。」

項伯答應幫沛公講情，並囑咐：「明天一定要早早來向項王致意。」

項伯在夜色中趕回鴻門羽軍營，將情況向項羽報告，說：「如果不是沛公先攻破關中，你又怎麼能一路如此順利呢？如今人家立了大功，卻反而攻擊他，那是不義的，倒不如以禮待之。」項羽同意。

隔天一大早，劉邦就帶著一百多騎隨從，來到鴻門見項羽，放低姿態說：「在下與將軍合力攻秦，將軍由黃河北面路線進攻，在下攻打黃河南面。沒想到的是在下先打進了關中，而與將軍在此相見。如今卻有小人中傷，以致將軍對在下有所誤解。」

項羽說：「那都是沛公的左司馬曹無傷來搬弄是非，不然我怎麼會這樣？」——項羽洩露了告密者的身分，這是當老闆的大忌，以後不會再有人向他提供「機密消息」了。

項羽擺宴邀劉邦喝酒，項羽和項伯向東而坐，亞父（對范增的尊稱）向南而坐，劉邦向北而坐，張良西向陪侍。

范增多次以目向項羽示意，甚至三次舉起身上佩的玉玦暗示。暗示什麼呢？玦是環狀玉器切開一條縫，象徵決斷。意思是要項羽速做決斷，下令除去劉邦，可是項羽雖然看見了范增的暗示，卻默然不應。

范增決定自己安排，起身出外，找到項羽的堂弟項莊，說：「老大心腸太軟，下不了手。你進去敬酒，敬完酒，就舞劍助興，找機會在席間擊殺沛公。否則的話，我等將來都要成為他的俘虜。」

項莊進入宴會帳敬酒，敬完酒，說：「大王與沛公飲酒，軍中沒有什麼娛樂，請允許我舞劍助興。」

項羽說：「好哇。」

項莊拔劍起舞，項伯一看苗頭不對，也拔劍起舞，以自己的身體遮蔽沛公，使得項莊找不到下手空間。

【原典精華】

范增起，出召項莊，謂曰：「君王為人不忍，若①入前為壽②，壽畢，請以劍舞，因擊沛公於坐，殺之。不者，若屬③皆且為所虜。」

莊則入為壽。壽畢，曰：「君王與沛公飲，軍中無以為樂，請以劍舞。」項王曰：「諾。」

項莊拔劍起舞，項伯亦拔劍起舞，常以身翼蔽沛公，莊不得擊。

——《史記．項羽本紀》

這一段就是「項莊舞劍，意在沛公」的典故。令人難以理解的是：項羽為什麼會不忍心下手？

回想一下之前的兩個場景：一次是項梁叫項羽殺會稽守殷通，項羽走進去，手起劍落，殷通人頭落地，乾淨俐落；一次是卿子冠軍宋義按兵不動，項羽走入他帳中，擊殺宋義，也是毫不猶豫。易言之，項羽從來不是一個拖泥帶水的人，卻為何對劉邦下不了手？

或許是天生個性上的相剋吧！項羽是陽剛個性，劉邦則是陰柔個性，或許正應了《老子》說的「天下之至柔，馳騁天下之至堅」。

言歸正傳。項伯擋住了項莊，但劉邦依然身在項營，范增肯定還會再出殺著。陪著喝酒的張良又有什麼招，可以讓劉邦脫險？

---

①若：你。
②壽：敬酒致賀詞。
③屬：同僚。若屬：你們這些人。

張良是謀臣，不是武將，面對項莊舞劍的場面，沒招，只好出來找到樊噲。

樊噲是誰？他原本是沛縣的屠狗之夫，古時候肉食來源不足，狗是重要的動物性蛋白質來源之一。當初蕭何、曹參叫樊噲去大澤找劉邦，因為他倆還有一重關係：樊噲娶了呂雉的妹妹，他倆是連襟。在攻向關中的過程中，樊噲建立了很多汗馬功勞；在入關之後，也是樊噲首先勸沛公退出咸陽秦宮，回到霸上。樊噲既是親戚，又勇武過人，很自然成為劉邦的侍衛長，當然隨同來到鴻門。

張良出帳，樊噲問他：「裡面情況如何？」

張良說：「情況緊急。項莊拔劍起舞，每一招都指向沛公。」

於是樊噲一手持盾、一手仗劍往裡闖。門口持著長戟交叉的衛士不許他入內，樊噲用盾牌將衛士撞倒在地上。

樊噲闖進帳內，分開帷幄向西而立，怒目瞪著項羽，頭髮都豎了起來，眼角因睜裂而流血。

項羽被他嚇了一跳，按劍跪起，問：「來客是什麼人？」

張良回答：「是沛公的侍衛長樊噲。」

項羽：「好一位壯士，賜他喝一杯酒。」左右送上可容一斗的大杯酒，樊噲拜謝，起身一飲而盡。

項羽：「賜他一個豬肩。」左右送上一副生的豬肩。樊噲將盾牌覆蓋地上，再將生豬肩放在盾牌上，拔劍切肉，大口吃下。（他原本就是屠夫出身，動作想必很熟練）

項羽：「壯士，還能再喝嗎？」

樊噲說：「在下連死都不怕，豈會推辭一斗酒！當初秦王暴虐，天下人起義抗秦。楚懷王與諸將約定『先破秦攻入關中者，就在那裡稱王』。如今沛公先攻進咸陽，秋毫不敢動，封閉宮室，回到霸上，以待大王到來。派人防守函谷關，只是為了防備盜賊、維護治安而已。如此勞苦功高，未有封侯之賞，反而聽信小人讒言，要殺有功之人。這根本就是已經滅亡的秦國的延續，我真是為大王感到慚愧啊！」

項羽被他這一番義正詞嚴逼住了，一時無以回應，只說：「請坐。」

【原典精華】

（樊）噲即帶劍擁盾入軍門。交戟之衛士欲止不內，樊噲側其盾以撞，衛士仆地，噲遂入，披帷④西向立，瞋目⑤視項王，頭髮上指，目眥⑥盡裂。

項王按劍而跽⑦曰：「客何為者？」

張良曰：「沛公之參乘⑧樊噲者也。」

項王曰：「壯士，賜之卮酒⑨。」則與斗卮酒。噲拜謝，起，立而飲之。

項王曰：「賜之彘肩⑩。」則與一生彘肩。樊噲覆其盾於地，加彘肩上，拔劍切而啗之。

項王曰：「壯士，能復飲乎？」

樊噲曰：「臣死且不避，卮酒安足辭！夫秦王有虎狼之心，殺人如不能舉，刑人如恐不勝，天下皆叛之。懷王與諸將約曰『先破秦入咸陽者王之』。今沛公先破秦入咸陽，毫毛不敢有所近，封閉宮室，還軍霸上，以待大王來。故遣將守關者，備他盜出入與非常也。勞苦而功高如此，未有封侯之賞，而聽細說⑪，欲誅有功之人。此亡秦之續耳，竊為大王不取也。」

項王未有以應，曰：「坐。」

——《史記．項羽本紀》

樊噲坐在張良旁邊，大家繼續喝酒。過一會兒，沛公起身上廁所，叫樊噲出去。

沛公問樊噲：「想要藉此溜走，可是沒向主人辭別，會不會不好意思？」

樊噲說：「做大事不必太考慮小節，行大禮不要介意小責難。此刻的形勢是人為刀俎，我為魚肉。哪還有工夫告辭？」

鴻門距離霸上四十里，劉邦對張良說：「估計我回到軍中，你再進去報告。」劉邦留下所有隨從車騎，自己一個人騎馬，樊噲、夏侯嬰、靳彊、紀信四人手持劍盾步行斷後。

張良在帳外混了一陣子再進去，向項羽道歉，說：「沛公不勝酒力，連告辭的行為能力都沒有了。囑咐張良奉上白璧一對，敬獻上大王足下；玉斗一對，敬賜大將軍（范增）足下。」

項羽：「沛公人在哪裡？」

④帷：大帳中另有小帳。
⑤瞋：瞪眼，通常表達激烈情緒。
⑥眥：音「自」，眼角。
⑦跽：音「忌」，單足長跪。按劍而跽：以配劍支撐身體長跪而起，受驚而警戒的姿勢。
⑧參乘：陪同乘坐同一輛戰車的人。平時代表禮遇地位，戰時代表貼身侍衛。
⑨卮：音「之」，酒器。卮酒：一杯酒。
⑩彘：音「治」，豬。
⑪細說：小人之言。

張良：「聽說大王有責問過失之意，所以先走了，此刻應該已經回到軍中了。」

項羽收下玉璧，放在座上。范增收下玉斗，放在地上，拔劍一擊，玉斗粉碎。又氣又惱的說：「唉，小子不夠資格共謀大業（豎子不足與謀）。將來奪取項王天下的，一定是沛公。我們都將成為他的俘虜！」

劉邦回到霸上，立即誅殺那個吃裡扒外的左司馬曹無傷。

38、大封諸侯

走了劉邦，項羽將怒氣發在亡秦頭上。鴻門宴之後幾天，項羽帶兵殺進咸陽，殺了秦帝國投降的秦王子嬰；燒掉秦國宮殿，大火延燒了三個月不熄；將秦宮中的財寶與美女掠劫一空，準備回去江東老家。

有說客向他提出建議：「關中有山河之險，又有四個險要關隘，土地又肥沃，應該在這裡建都稱霸。」

項羽打從頭就沒想過在關中稱王，一心想著榮歸故鄉，說：「人富貴了以後，如果不回故鄉，就跟穿著錦繡衣裳走在夜裡一樣，誰看見啊！」

那位說客退下後，說：「人家說，楚人就像演猴戲的猴子，耐不住穿衣戴帽，果然如此！」

這話傳到項羽耳中，下令烹了那說客。

【原典精華】

人或說項王曰：「關中阻山河四塞，地肥饒，可都以霸。」

項王見秦宮皆以燒殘破，又心懷思欲東歸，曰：「富貴不歸故鄉，如衣繡夜行，誰知之者！」

說者曰：「人言楚人沐猴①而冠耳，果然。」

項王聞之，烹說者。

——《史記．項羽本紀》

項羽派人傳送攻克咸陽的捷報給楚懷王，楚懷王或許誤以為是項羽首先入關，或許是故意製造項、劉對立，回覆「照原先的約定」。那麼，就該由劉邦在關中稱王了，那可是項羽最不願意的。

項羽為此「見笑兼生氣」，召集諸將，說：「懷王打從一開始就是我家擁立的，他本人可沒有寸土之功，憑什麼發號施令？當初為了號召人心，必須借用他的楚王室血統，可是這三年來，披堅執銳、冒險犯難，終於滅了秦帝國，可都是各位將領與我項羽共同完成。然而，懷王雖沒有貢獻，還是應該分封他一塊土地稱王。」諸將都說「好」。

於是尊楚懷王芈心為「義帝」，宣布：「古時候稱帝者，都擁有千里平方的土地，並且住在河川的上游。」乃將義帝遷到長江以南，以郴縣（今湖南省郴州市）為首都，在那個時候，等於是放逐到南方蠻荒地帶。

項羽接著大封諸將為王。先封自己為西楚霸王，以彭城為首都。

劉邦最不好處理，既忌諱他，卻又已經和解，更不願背負違約的惡名。幸得范增想出了一個說法：「巴蜀自古就是秦國土地，而漢中也是關中地方。」於是封劉邦為漢王，擁有巴、蜀、漢中地區。

然後封秦國三位降將分居關中三地，統稱「三秦」：由他們守住劉邦的「出口」，又教他們相互制衡，不讓他們獨大。

其他比較重要的安排，包括：張耳為常山王，統領趙地（原趙王趙歇則改封代王）；英布封九江王；燕將臧荼為燕王（原燕王韓廣改封遼東王）；齊將田都為齊王（原齊王田

①沐猴：獼猴。

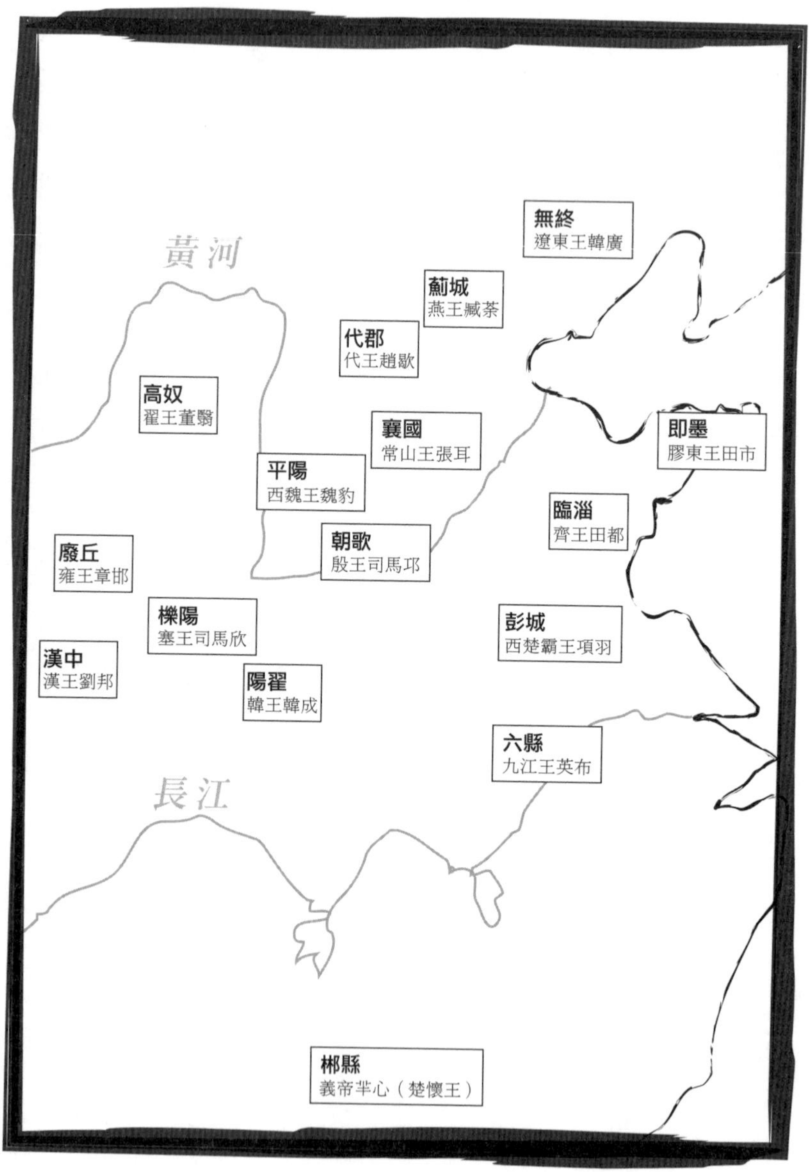
黃河
長江
無終
遼東王韓廣
薊城
燕王臧荼
代郡
代王趙歇
高奴
翟王董翳
襄國
常山王張耳
平陽
西魏王魏豹
即墨
膠東王田市
臨淄
齊王田都
廢丘
雍王章邯
朝歌
殷王司馬卬
櫟陽
塞王司馬欣
彭城
西楚霸王項羽
漢中
漢王劉邦
陽翟
韓王韓成
六縣
九江王英布
郴縣
義帝芈心（楚懷王）

▲項羽大封諸侯

市改封膠東王）。

簡單說，項羽大封諸侯完全看不出一點點政治智慧，所有追隨他入關的諸侯將領都封到好地方，可是那些將領的國君，卻都被改封到偏遠地區。而他宣布分封之後，就讓這些新王自己去封國當國王，以為他西楚霸王說了就算數，以致埋下了日後動亂的因子。

39、燒棧道

劉邦聽說被封到漢中（陝西南部，國都在今陝西省南鄭縣，自古是入川門戶），簡直氣瘋了，想要出兵攻擊項羽。一干沛縣老將周勃、灌嬰、樊噲都贊成開打，蕭何卻澆冷水：「雖然到漢中為王很窩囊，總比死亡好吧？」

劉邦說：「（不去）難道就死定了？」

蕭何說：「咱們的軍隊人數比他少、戰力比他弱，打一百仗要敗一百仗，攻擊他不是找死嗎？想一想，歷史上能夠屈服於一人之下，而能號召天下的，是商湯和周武王。我希望大王委屈一下，到漢中去就王位，培養國力、任用賢能，以巴蜀為根據地，將來反攻三秦，還是有本錢爭霸天下的。」

【原典精華】

漢王怒，欲攻項羽；周勃、灌嬰、樊噲皆勸之。蕭何諫曰：「雖王漢中之惡，不猶愈死乎？」漢王曰：「何為乃死也？」何曰：「今眾弗如，百戰百敗，不死何為！夫能詘①於一人之下而信②於萬乘之上者，湯武是也。臣願大王王漢中，養其民以致賢人，收用巴蜀，還定三秦，天下可圖也。」

——《資治通鑑．漢紀一》

劉邦接受蕭何的見解，前往漢中就位，任命蕭何為相國。張良要回韓國去輔佐韓王，劉邦致贈黃金百鎰、珍珠二斗，張良全數轉贈項伯。諸侯各自撤軍返國，漢王也上路，張良送漢王到褒中才辭別。臨行再提出建議：一路上將走過的棧道燒掉。

①詘：音「驅」，屈服。
②信：令人信服。

所謂「蜀道難」，就難在這一條棧道：在懸崖絕壁上鑿出石洞，插入二、三公尺木樁，在木樁上鋪排木板，剛好夠一匹馬通過——這是數百年來人們修建、改善的成果，一旦燒毀，重建得耗費很多人力、財力與時間。

張良的用意有二：一是防備三秦偷襲，一是安項羽之心，讓他認為劉邦已經「認命」，不再有向東進取的野心。

40、諸侯反項

項羽以他的武力威勢分封諸侯，當場沒有人敢反對，可是諸侯軍一旦回到各自原本地盤，那些隨項羽西進而封的新王，與留在根據地卻被「封」（其實是「擠」）到偏遠處的原來的王立即就產生了衝突。

最先反的是齊國。當初田儋與弟弟田榮起義，稱齊王，田儋被章邯擊敗戰死，田榮擁立田儋的兒子田市為齊王，卻因不肯出兵救鉅鹿，與項羽結怨。項羽宰割天下，將一路追隨入關的齊將田都封為齊王，改封田市為膠東王。

田榮對此大怒，發兵拒絕田都入境，田都不敵，逃往項羽的西楚王國。田榮不准田市去當膠東王，可是項羽威震天下，田市不敢違抗，悄悄溜走，奔向即墨「就位」。

田榮對這個懦夫侄兒非常光火，攻擊即墨，殺田市，自稱齊王。

田榮聽說彭越有一萬多軍隊在鉅野（彭越未隨劉邦入關），不隸屬任何人，就派人送給他將軍印信，命他攻擊另一位項羽封的濟北王田安。彭越擊斬田安，田榮又命他攻打西楚，項羽派楚軍將領蕭角迎戰，被彭越擊敗。

於是田榮囊括了故齊國全部的土地，而彭越則成為田榮的加盟軍。

另一路反項羽的是趙國。由於張耳隨項羽入關，項羽封他為常山王，而將原本的趙王趙歇「擠」到北方當代王。當初與張耳絕交的陳餘聽說這件事，心中不平，乃派人與田榮聯絡，表示：「大王若出兵幫陳餘攻擊常山王（張耳），讓趙王（趙歇）復國，趙國今後將追隨大王，為齊國捍衛西邊。」

田榮撥給陳餘一支軍隊，陳餘攻打張耳。張耳敗走，想要投奔項羽，可是一位善於觀星者甘公對他說：「楚雖強，將來還是漢勝。」於是張耳千里迢迢去投奔漢王劉邦。

陳餘打走了張耳，迎回趙歇當趙王。趙王封陳餘當代王，陳餘認為趙國還不穩定，留在邯鄲擔任相國輔佐趙王，成為趙國實質上的領導人。

再一個是韓國，張良原本打算輔佐韓王成回去建設故國，可是項羽將韓成與張良都帶回彭城，不讓韓成就國，先將他貶為穰侯，又藉故將韓成殺死。於是韓國消失了，而一心想要復興韓國的張良，身在楚營心在漢，等待機會報仇。

還有燕國。項羽將隨他入關的燕將臧荼封為燕王，原本的燕王韓廣改封遼東王。可是韓廣不肯去遼東，跟臧荼打了一仗，臧荼擊斬韓廣，算是替西楚霸王保住了一些顏面，沒有全部翻盤。

也就是說，項羽才剛回到彭城，沒當幾天西楚霸王，已經反了齊國、趙國，還廢掉了韓國（更逼反了張良）。除了燕王臧荼，就只剩下關中三秦王仍是他的盟友，而三秦也即將不保。

因為漢王劉邦採取行動了。

41、胯下之辱

劉邦反攻三秦的關鍵人物是韓信。

韓信年輕時，家境既貧窮，自己行為也不檢點，又不從事正業，只能經常去人家家裡混口飯吃，不受鄉人歡迎。

他最常去吃白飯的人家，是本地的南昌亭長，一賴就是好幾個月。亭長的妻子非常厭惡他，有一次早晨做好了飯，自己在床上吃。到了早餐時間，韓信去到廚房，發現沒擺食器餐具，明白亭長老婆的意思，當場離去，也算是有骨氣，沒死賴著討吃的。

沒飯吃，到淮陰城下淮水邊釣魚（陰是山北水南，淮陰城北門外就是淮水），有很多老婦人在水邊漂洗衣服（漂母）。其中一位同情韓信餓肚子，就給他飯吃，甚至為了供應韓信食物，一連數十日都去洗衣服。

韓信對漂母非常感激，說：「我將來一定重重報答妳。」

漂母發火，說：「大丈夫不能養活自己，我看你是個人才，同情你，才供你食物，哪是希望你報答？」

【原典精華】

信釣於城下，諸母漂①。有一母見信飢，飯信，竟漂數十日。信喜，謂漂母曰：「吾必有以重報母。」母怒曰：「大丈夫不能自食②，吾哀王孫③而進食，豈望報乎？」

——《史記．淮陰侯列傳》

淮陰街頭有個霸凌他人的流氓，對韓信說：「你雖然長得高大，又隨身帶刀劍，其實是個膽小鬼。」當眾要求韓信從他胯下爬過去，並故意刺激韓信：「有種你刺死我，沒種

①漂：布匹染後在水中槌打。
②食：音「四」，餵食。
③王孫：韓信不是貴族，可是漂母看好他將來必成貴人。

就從下面爬過去。」

韓信瞪了他好一陣子後，趴下身、低下頭，爬了過去。街上人看見，都笑韓信怯懦。

【原典精華】

淮陰屠中④少年有侮信者，曰：「若雖長大，好帶刀劍，中情⑤怯耳。」因眾⑥辱之曰：「信能死，刺我；不能死，出我袴下。」於是信熟視⑦之，俛⑧出袴下，蒲⑨伏。市人皆笑信，以為怯。

——《史記．淮陰侯列傳》

這麼一位個子高大卻表現軟弱的男子，如何成為叱吒風雲的名將？且往下看。

④屠：殺豬賣肉。屠中：市井。
⑤中情：內心。
⑥因眾：當眾。
⑦熟視：端詳，看很久、很仔細。行為語言是「我會記住你」。
⑧俛：音「俯」，義同。
⑨蒲伏：匍匐。

42、蕭何追韓信

「怯懦少年」韓信帶著他那支「不敢出鞘殺人」的劍，在項梁起兵時，加入了項家軍。項梁兵敗身死，他繼續追隨項羽，擔任郎中，曾多次向項羽獻策，項羽都沒有採納。

諸侯入關中，封王後各自回國，韓信這時跳槽到劉邦麾下，追隨漢王到漢中，但仍只當到一個低階軍官。甚至因為受一樁違法案件牽連，連同十幾名「共犯」都判了死刑等待行刑。

死刑犯一個個砍頭，砍了十三個，下一個輪到韓信，韓信抬頭仰視，剛好看見劉邦的「沛縣老伙伴」夏侯嬰在刑場，就大聲說：「大王不想爭天下了嗎？否則為何要殺我這個壯士！」

夏侯嬰聽他口氣甚大，再看他相貌不凡，就下令不斬韓信，並且叫他上前說話。一番對談之後，大為欣賞，乃向劉邦推薦。劉邦任命韓信為治粟都尉，屬中級軍官，並不怎麼重視他。

大難不死反而升官的韓信，有機會與蕭何談過好幾次話，蕭何倒是很欣賞他。

漢王率部前往漢中，行至南鄭，很多將領不想走那條「難於上青天」的蜀道，中途逃跑了好幾十人。韓信心想：「夏侯嬰、蕭何都已經向漢王推薦過我，可是漢王卻不重用我，看來留在漢軍發展就到此為止了。」於是也脫隊逃亡。

蕭何聽說韓信跑了，來不及向漢王劉邦報備，親自追趕。

當劉邦聽到報告「丞相蕭何逃亡」，大為生氣，情緒沮喪，如失左右手。過了一、二天，蕭何來見漢王。劉邦既怒又喜，罵說：「你為什麼逃亡？」

蕭何說：「我哪敢逃亡，我是去追回逃亡者。」

劉邦問：「你去追誰？」

蕭何：「去追韓信。」

漢王：「你騙誰啊！諸將跑了好幾十人，你一個都不追；卻去追這個位階不高的韓信？一定有詐，快說實話。」

蕭何：「那些跑掉的諸將都是一般材料，不難得到，可是韓信卻是舉世無雙的高級人才。大王如果只想在漢中長治久安，那韓信對你沒有用；但若大王要東向爭勝天下，則非韓信不可。就看大王志向有多大了。」

劉邦：「我當然想要爭勝天下，怎麼可以被困在這裡？」

蕭何：「大王想要向東，如果重用韓信，他會留下來；若不能重用，韓信終究還是要走。」

劉邦：「你如此大力推薦，那我用他當將軍。」

蕭何：「即使當將軍，還是留不住韓信。」

劉邦：「那就任命他當大將軍。」

蕭何說：「那就太好了。」

於是劉邦下令召見韓信，要任命他為大將軍。

蕭何又說了：「大王一向不講究禮數，如今要拜人家為大將軍，卻如同呼喚小孩子一般，這正是韓信之所以逃亡的原因啊。大王如果要拜韓信為大將，選一個吉日良辰，齋戒，搭高壇，以隆重儀式拜將。那樣才可以。」

劉邦同意蕭何的意見。

漢王築壇拜將的命令公布，諸將個個自以為有希望。等到拜將典禮，才發現「居然是韓信」，全軍都為之驚訝。

【原典精華】

何聞信亡，不及以聞，自追之。人有言上曰：「丞相何亡。」上①大怒，如失左右手。

居②一二日，何來謁上，上且怒且喜，罵何曰：「若亡，何也？」

何曰：「臣不敢亡也，臣追亡者。」

上曰：「若所追者誰何？」

曰：「韓信也。」

上復罵曰：「諸將亡者以十數，公無所追；追信，詐也。」

何曰：「諸將易得耳。至如信者，國士無雙③。王必欲長王漢中，無所事④信；必欲爭天下，非信無所與計事⑤者。顧⑥王策安所決耳。」

王曰：「吾亦欲東耳，安能鬱鬱久居此乎？」

何曰：「王計必欲東，能用信，信即留；不能用，信終亡耳。」

王曰：「吾為公以為將。」

何曰：「雖為將，信必不留。」

王曰：「以為大將。」

何曰：「幸甚。」於是王欲召信拜之。

何曰：「王素慢⑦無禮，今拜大將如呼小兒耳，此乃信所以去也。王必欲拜之，擇良日，齋戒，設壇場，具禮，乃可耳。」

王許之。諸將皆喜，人人各自以為得大將。至拜大將，乃韓信也，一軍皆驚。

——《史記．淮陰侯列傳》

韓信當上了大將，可是他有多大能耐，可以攻取關中，爭勝天下呢？

①上：指劉邦。司馬遷是漢朝人，「上」等於口語稱「聖上」。
②居：過。
③國士：國家級人才。國士無雙：國家級最頂尖的人才，獨一無二。
④事：用。
⑤計事：策劃大計。
⑥顧：端看。
⑦素：一向。慢：傲慢。

43、暗渡陳倉

拜大將儀式完畢，漢王向新任大將軍請益：「將軍有什麼高明計策可以指教寡人？」

韓信問：「大王東向爭天下的對手，莫不是項王嗎？」

劉邦：「是啊。」

韓信：「大王自認作戰勇猛強悍能夠勝過項王嗎？」

劉邦默然良久，說：「不如。」

韓信聽到劉邦能夠坦言不如對手，起身向漢王拜了兩拜表達敬賀——承認對手比自己強是一種了不起的特質，也只有先承認不如對手，才可能以弱擊強。

韓信確認劉邦沒有大頭病，才敢直言無諱，說：「我也認為大王不如項王。然而，我曾經在項家軍待過，請容我分析項羽的性格：他發起威來聲勢驚人，足以令千萬人屈服，可是他缺乏任用優秀將領的能力，只是匹夫之勇（項羽學兵法「萬人敵」，以此看來，學得不透澈）。他待人恭敬慈愛，言語親切，對待傷患更流著眼淚分給飲食，可是手下有功勞應該封爵的時候，他卻拿著刻好的印章，在手中摩挲再三，摩到印的邊角都圓了，卻還不捨得送出去，這只是婦人之仁。項王雖然宰制天下，分封諸侯，自己不據有關中，而回到彭城。但是他違背義帝當初與諸將的約定（不讓劉邦在關中稱王），分封諸侯時又偏心自己的親信將領，諸侯看見他將義帝放逐到南方山區，個個心寒，都回去經營自己的領地，也不效忠項王。項王每次攻下城邑，都無情地予以毀滅，老百姓為此怨恨他，天下諸侯表面順服，只是畏於他的兵力強大而已。」

【原典精華】

（韓信）曰：「大王自料勇悍仁彊孰與項王？」

漢王默然良久，曰：「不如也。」

信再拜賀曰：「惟信亦為大王不如也。然臣嘗事之，請言項王之為人也。項王喑噁叱吒①，千人皆廢②，然不能任屬賢將，此特匹夫之勇耳。項王見人恭敬慈愛，言語嘔嘔③，人有疾病，涕泣分食飲，至使人有功當封爵者，印刓敝④，忍不能予，此所謂婦人之仁也。項王雖霸天下而臣諸侯，不居關中而都彭城。有背義帝之約，而以親愛王，諸侯不平。諸侯之見項王遷逐義帝置江南，亦皆歸逐其主而自王善地⑤。項王所過無不殘滅者，天下多怨，百姓不親附，特劫⑥於威彊耳。名雖為霸，實失天下心。故曰其彊易弱。……。」

——《史記．淮陰侯列傳》

韓信分析項羽的性格缺陷後，接著述說「反攻關中必勝」的道理：一、三秦王從前是秦國將領，執行秦始皇苛法，殺了很多人，關中人民痛恨他們；二、三秦王投降項羽，可是關中子弟兵卻被項羽坑殺，關中父老痛恨他們；三、劉邦進入關中後，秋毫無犯，除去秦國苛法，與關中百姓約法三章，關中人民都希望劉邦去當王。結論：只要漢王展開反攻，關中可以傳檄而定（發出心戰文書就勝利了）。

劉邦聞言大喜，對韓信言聽計從，韓信也提出了楚漢爭霸的第一妙計：明修棧道，暗渡陳倉。

漢王公開宣布：派周勃、樊噲負責修復棧道。

三秦王得到消息，認為周勃、樊噲是漢軍有名的大將，研判劉邦將從入蜀原路反攻。

但是修復棧道？那可不是十天、半個月的工程，恐怕得耗費好幾年工夫。所以他們布置重兵在入蜀要衝，心裡卻認為「眼前不急吧」。

他們根本不曉得有韓信這一號人物，更沒想到韓信帶領漢軍主力，走了一條更古老的道路，那是在入蜀棧道未修建之前的古道，繞路很多，卻出其不意。因此，三秦王倉促應變，章邯在陳倉被擊潰，關中父老簞食壺漿迎接漢王，司馬欣與董翳投降（那是他們保命的唯一方法），只剩章邯率領殘部打游擊，劉邦只花了二個月就掃平了關中。

①喑：音「因」。噁：音「物」。喑噁：懷怒氣。喑噁叱吒：發威出聲。
②廢：屈服、拜伏。
③嘔：音「吁」，同義。嘔嘔：讚賞、感嘆，說好聽話。
④刓：音「完」，削去方角。印刓敝：印章的邊角都圓了、壞了。
⑤善地：諸侯各自占領好的地盤。
⑥劫：通「脅」。

44、項羽殺義帝

劉邦偷襲關中的同時，項羽又犯了一個大錯：密令九江王英布追殺義帝。

項羽很會打仗，可是項羽完全不懂什麼叫做人心。當初范增建議項梁立楚懷王，是將正統（亡秦必楚）抓在手上，這一招是「挾天子以令諸侯」的最早版本。項梁當時成功的收編了楚地所有義軍。可是項羽此時以為天下全都是他的了，他自己是西楚霸王，號令天下，不願意上頭還有一個義帝——他連豢養一個傀儡的耐心都沒有。

於是被韓信說中了：諸侯看見項羽如此對待義帝，乃沒有人再甩項羽，不是諸侯效忠義帝，而是項羽自己做了榜樣，其他人效法。

第一個不甩項羽的就是英布。齊王田榮反叛時，項羽徵召英布前往平叛，英布不去，只派了一位將領，帶了數千兵力前往，算是意思意思。

項羽為此對英布極為不滿，好幾次派使節去責備英布。英布於是更加恐懼，更不敢前往。而項羽面對北方的齊、趙，西方的漢，一心還希望英布來幫他打仗，所以並沒有對英布採取什麼行動。而英布為了彌補與項羽的關係，於是徹底的執行了項羽的密令：義帝流亡長沙途中，在渡過長江時，英布在船上埋伏勇士，襲殺義帝。

身在彭城的張良，身在楚營心在漢，聽說劉邦已經開始行動，並且成功襲取關中。他有心幫劉邦爭取一些時間，乃上書項羽表示：「漢王一心只想要得到關中，那是因為當初的約定。如今他已經得到關中了，應該會就此滿足，不再向東。」同時將齊王田榮與彭越的起兵檄文一併上呈，提醒項王：「齊王田榮恐怕會聯合趙王歇攻擊楚國。」項羽因此暫時放下西邊，專心攻擊齊王田榮。

這時就可以看出項羽謀殺義帝的失策了：九江王英布原本是項家軍的先鋒勇將，當初西進入關功勞最大。如果英布接受項羽徵召，這時就可以讓英布領軍對付北面的齊王田榮、在故魏國地界上打游擊的彭越，乃至於有陳餘輔佐的趙王歇，而項羽得以自己對付西面的漢王劉邦。但是，英布正是受命殺義帝的人，他對項羽的寒心也最深刻，以至於項羽必須自己出馬平定所有叛變。

張良呢？趁著項羽專心北方的時候，改裝、抄小路，往西投奔劉邦去了。這又是之前項羽殺韓王韓成的失策：將一位超級人才張良逼到對頭劉邦的陣營中。

劉邦這時又得到一支軍隊加入，是他的沛縣同鄉王陵。王陵沒有隨劉邦起義，而是在秦帝國崩潰時，聚集數千黨羽，盤據南陽。聽說漢王襲取關中，於是率眾來投靠。

劉邦當然很高興，也想起故鄉的父親與妻子。於是派薛歐、王吸隨王陵的軍隊前往沛縣迎接父親、妻子。

這個消息卻被項羽知道了，派軍隊封鎖陽夏（今河南省太康縣），王陵等受阻不得前進。

45、王陵變

漢軍受阻於楚軍不得前進，初到漢營的王陵面子上掛不住，心想：「今夜且去斫營，滅他威風。」斫營，就是偷襲敵方營地，打了就跑，屬於騷擾戰術，令敵方陷於惶惶不安狀態。

當天晚上，王陵與沛縣老友灌嬰兩人帶了三十幾員勇士，前往楚軍斫營，偷襲得手即回。楚軍自後追趕，被王、灌二將射殺五十餘人。並揚聲放話：「我倆是漢將王陵與灌嬰，今夜且去，明夜還來，請項王好自準備。」

【原典精華】……

王陵下鞭如掣電，灌嬰獨過似流星。
雙弓背射分分中，暗地唯聞落馬聲。
為報北軍不用趕，今夜須知漢將誰。
傳語江東項羽道，我是王陵與灌嬰。

——《敦煌變文．漢將王陵變》

項羽追究責任，當晚是鍾離昧負責巡營，要斬鍾離昧。

鍾離昧說：「請容許我捉拿王陵，將功折罪。」

項羽說：「王陵已經斫營得手，逃回漢營，你去哪捉他？」

鍾離昧說：「王陵家在綏州茶城村，我去將他母親『請』來楚營，不怕他不就範。」

於是鍾離昧領了三百軍士，前往王陵老家，將王母押到楚營。剛好劉邦派盧綰為使節到達楚營，項羽將王母綁縛，由刀斧手解押經過帳前。盧綰也是沛縣老伙伴，看見帳前綁縛走過的婦人，認出是王陵的母親，就對項羽說：「王陵不知道母親在楚營，若是知道，一定會主動來楚營，換老母一命。」

盧綰回漢營覆命，劉邦得知情況，召來王陵，說：「我放你去楚營，救你老母。」

王陵心亂如麻，請求盧綰同行。到了兩軍交界處，王陵請盧綰先去楚營，看看母親是否仍然安全。

盧綰見著王母，王母私下對盧綰說：「叫我兒不必前來，他若到來，兒死、母亦死。」但是表面上答應要寫信召兒子來。

項羽大樂，問王母：「母親召喚兒子，用什麼做表記？」

王母說：「大王說中要點了。請借大王腰間太阿寶劍一用。」

項羽說：「要寡人寶劍作何用？」

王母說：「擔心兒子不信。借大王寶劍，削一綹頭髮，封在信中，我兒見了，必定連夜趕來。」

項羽信了她的話，拔出劍來，交給王母。王母拿到項王寶劍，後退三十步，自刎而死。

【原典精華】

陵母於霸王面前，口承修書招兒。

霸王聞語，龍顏大悅：「陵母招兒，何用咨陳？」

「不用別物，請大王腰間太阿寶劍。」

「但緣招兒，要寡人寶劍，作使何用？」

「前後修書招兒，兒並不信。若借大王寶劍，卸下一子頭髮，封在書中，兒見頭髮，星夜倍程入楚救母。」

霸王聞語，拔太阿劍，度與陵母。陵母得劍，去霸王三十餘步，遂乃自刎，身終。

——《敦煌變文．漢將王陵變》

這是《敦煌變文》中的說書文字，係杜撰情節。《史記》中並無王陵、灌嬰斫營這回事，反而記載項羽對王陵母親十分禮遇。但是陵母最終仍然自殺，不讓自己成為肉票，項羽大怒，下令「烹」了陵母的屍體。

46、陳平

項羽烹殺王陵的母親屍體，只因為惱羞成怒，也顯示這位楚霸王的ＥＱ之低。他這種一惱怒就殺人的性格，在齊國戰場更表露無遺。

之前項羽因張良「提醒」，決定先解決北方，親自領軍征討齊國。在城陽（今山東省莒縣）擊潰齊王田榮，田榮在逃亡途中被殺，項羽再立田假為齊王。大軍繼續橫掃齊境，沿途燒殺，摧毀城郭與民房，投降的齊國軍隊一律坑殺。其結果是：齊國人民只能選擇抵抗，項羽遂陷入齊國戰場泥淖。

項羽困在東方，劉邦乃有機會從關中出發東進。首先接受西魏王魏豹投降，魏豹原本是魏王，被項羽分掉一半國土給隨同入關的將領司馬卬（音「瓊」），司馬卬封為殷王。劉邦幫魏豹報仇，擊敗並俘虜司馬卬。

這一場勝利對劉邦而言，最大收穫不是攻掠土地，而是得到一個頂尖謀略家：陳平。

陳平年輕時好讀書卻不事生產，寄居哥哥陳伯家裡。陳伯努力耕田，縱容陳平只讀書不做事。陳平身材高大、外形俊美，鄉人問：「你們家境貧窮，怎麼你吃得那麼大？」陳平的嫂嫂平時就看這小叔不順眼，聽到這話，就說：「也不過吃些粗糠而已。有這種小叔，不如沒有。」陳伯聽到這話，將老婆休了——挺弟弟到底。

陳平長大，該成家了。鄉裡有錢人不願將女兒嫁給他，陳平卻又看不上窮人家。只有一位富翁張負，他的孫女兒先後嫁了五個丈夫，五個丈夫都死了，沒人敢娶。張負有一次去參加人家喪禮，看見陳平幫忙喪家辦喪事很負責任，於是將孫女兒嫁給他。陳平結了這麼一門有錢親事，手頭大為寬裕，乃能結交各方朋友。

鄉里間有個神社，陳平擔任「宰」（祭祀後分酬胙肉），分得非常公平。地方父老因此稱讚：「陳孺子擔任社宰真是讚哪！」陳平回答說：「唉，如果讓我陳平宰天下，也跟這肉一樣啊！」——大言不慚，但志不在小。

陳勝起義，周市立魏咎為魏王，陳平前往投奔魏王咎，擔任太僕（交通部長），卻因為被人讒害，就逃離魏國。

項羽大軍西進，陳平追隨他入關，因功封為平爵卿（位高權不重），又隨項王回到彭城。

齊、趙反叛項羽時，殷王司馬邛也一齊叛變。項羽任命陳平為信武君，帶領楚軍中從前魏王咎的將領去攻打殷王，陳平用計讓司馬邛投降。項羽因此升陳平為都尉，賜金二十鎰。（如此大功，只封一個都尉！）

項羽深陷齊地不得西進，接到報告「西魏王叛變，殷王被俘」，大怒，要殺「定殷將吏」——陳平列名最前。

陳平怕被殺，將項羽給的官印、賞的黃金封起來，派人送還項王，一個人、一把劍逃亡。

陳平逃亡途中乘船渡河，船夫見他一個人，身材高大，又帶劍，懷疑他是逃亡將領，腰中可能有值錢東西，目光不斷地瞄向陳平的腰間。陳平知道自己身陷險境，心生一計，脫下身上衣服，赤裸上身幫船家撐篙。那船家見他身上沒有貴重物品，就沒有害他。

【原典精華】

裏①中社，平為宰，分肉食甚均。父老曰：「善，陳孺子②之為宰！」平曰：「嗟乎，使平得宰天下，亦如是肉矣！」

……

陳平懼誅，乃封其金與印，使使③歸項王，而平身閒行杖劍亡。渡河，船人見其美丈夫④獨行，疑其亡將，要⑤中當有金玉寶器，目之，欲殺平。平恐，乃解衣裸⑥而佐刺船，船人知其無有，乃止。

——《史記．陳丞相世家》

陳平渡過黃河，來到漢軍駐紮地修武。他找到一位老朋友，舊魏王室後裔，信陵君魏無忌的孫子魏無知，走他的門路，得以見到漢王劉邦。

劉邦召見陳平，留他一道吃飯，飯後派人送陳平回住宿處。

陳平說：「我是為大事而來，有意見提出，不能遲過今天。」

劉邦乃與陳平對談，兩人相談甚歡。劉邦問：「先生在楚軍擔任什麼職位？」

陳平說：「都尉。」

劉邦立即任命陳平為都尉，並且指定他為隨身幕僚，出門同車（參乘），還兼軍中監察官。

漢軍將領聞訊譁然，紛紛反彈：「大王遇到一個楚軍逃兵，還沒弄清楚他的能力高下，就跟他同車（我們都輪不到），還讓一個都尉監督咱們這些將軍！」

劉邦聽到這些反彈之語，愈發厚待陳平。

沛縣革命老將周勃、灌嬰在劉邦面前給陳平「打針下藥」：「陳平雖然長得很帥，但是好比帽子上那塊裝飾用的玉，未必真有材料。聽說他在家鄉時，與嫂嫂通姦（實情是嫂嫂看不起他，還被哥哥休了）；在魏國混不好，投奔楚；在楚國混不好，又來咱們漢國。大王讓他監督諸將，聽說他收受諸將金銀，給他多的就安排好職位，給少了就安排壞職位。陳平這傢伙是個反覆無常的亂臣，請大王明察。」

漢王聽了，找當初引見陳平的魏無知來問。

魏無知回奏：「我推薦的是陳平的能力，陛下問的是陳平的操行。以眼前的局勢來說，具有尾生一樣的誠信、孝己一樣的孝順，但卻對軍事勝負毫無作用，陛下又哪有工夫

---

①裏：同「里」。
②孺子：稱呼未做官的讀書人。
③使使：前一字讀音「是」，動詞「派出（使節）」，後一字為名詞「使節」。
④美丈夫：外型俊美的男子。
⑤要：同「腰」。
⑥躶：同「裸」。

理他呢？楚、漢兩軍正陷入拉鋸戰，我推薦奇謀之士，端看他的計謀對國家是否有利而已，盜嫂受金有什麼大不了？」

漢王再將陳平叫來，問：「先生先離開魏投奔楚，又離開楚投奔漢，能不讓信任你的人多心嗎？」

陳平說：「我事奉魏王，魏王不採納我的建議，所以我去事奉項王。項王不信任外人，他重用的不是姓項的，就是老婆娘家兄弟，雖有奇謀之士，卻不受重用，所以我離開楚國。我聽聞漢王唯才是用，所以前來投效。我來時一無所有，不收受餽贈則無以生活。如果我的獻策有值得採納的，就請大王任用我；如果我的建議毫無價值，諸將送的黃金都還在，我甘願將之全數封起來捐給公家，請不要殺我，讓我回家。」

漢王向陳平謝罪，再厚重的賞賜他，升官為護軍中尉（比都尉高一級），負責監察所有將領，於是諸將就不敢再「檢討」陳平了。

【原典精華】

絳侯、灌嬰等咸讒陳平曰：「平雖美丈夫，如冠玉耳，其中未必有也。臣聞平居家時，盜⑦其嫂；事魏不容，亡歸楚；歸楚不中，又亡歸漢。今日大王尊官之，令護軍。臣聞平受諸將金，金多者得善處，金少者得惡處。平，反覆亂臣也，願王察之。」

漢王疑之，召讓魏無知。無知曰：「臣所言者，能也；陛下所問者，行也。今有尾生⑧、孝己⑨之行而無益處於勝負之數，陛下何暇用之乎？楚漢相距，臣進奇謀之士，顧其計誠足以利國家不耳。且盜嫂受金又何足疑乎？」

漢王召讓⑩平曰：「先生事魏不中，遂事楚而去，今又從吾游，信者固多心乎？」平曰：「臣事魏王，魏王不能用臣說，故去事項王。項王不能信人，其所任愛，非諸項即妻之昆弟，雖有奇士不能用，平乃去楚。聞漢王之能用人，故歸大王。臣躶身來，不受金無以為資。誠臣計畫有可采⑪者，願大王用之；使無可用者，金具在，請

⑦盜：偷，通姦。
⑧尾生：《莊子》裡的寓言人物，因守信而淹死。
⑨孝己：商朝的王子，以孝順著稱。
⑩讓：責備。
⑪采：同「採」，採納。

封輸⑫官，得請骸骨⑬。」漢王乃謝，厚賜，拜為護軍⑭中尉，盡護⑭諸將。諸將乃不敢復言。

——《史記・陳丞相世家》

項羽的易怒性格以及用人作風，使得他一直在增加自己的敵人，到目前為止，已經有張良、韓信、陳平三位頂級人才叛項羽投劉邦了。

⑫輸：捐。
⑬請骸骨：請求全身而退。
⑭護：監察。護軍：軍中監察官。

47、彭城大戰

諸侯靠向漢王劉邦的漸漸增多。

先是張良引見故韓襄王的孫子韓信（與大將韓信同名）給劉邦，劉邦任命他為韓國太尉（總司令）。張良輔佐韓信攻擊項羽封的韓王鄭昌，鄭昌投降，劉邦封韓信為韓王（後文稱他為「韓王信」以茲區別），攻掠故韓國土地。

再來是趙國。漢王劉邦派使節聯絡趙王歇一同伐楚，趙相國陳餘對使節說：「漢王殺張耳，趙國就出兵。」之前張耳被陳餘擊敗，投奔劉邦，劉邦不願殺張耳，就殺了一個相貌酷似張耳的人，將腦袋送去趙國，於是趙國出兵。

項羽仍然困在齊國戰場，劉邦以「為義帝發喪，討伐亂臣項羽」為號召，聯合諸侯殺向彭城。諸侯聯軍號稱五十六萬，一路沒受到太多抵抗，直接殺進了彭城。

彭城，之前是楚懷王（義帝）的都城，現在是自己西楚霸王的都城，項羽無論如何都

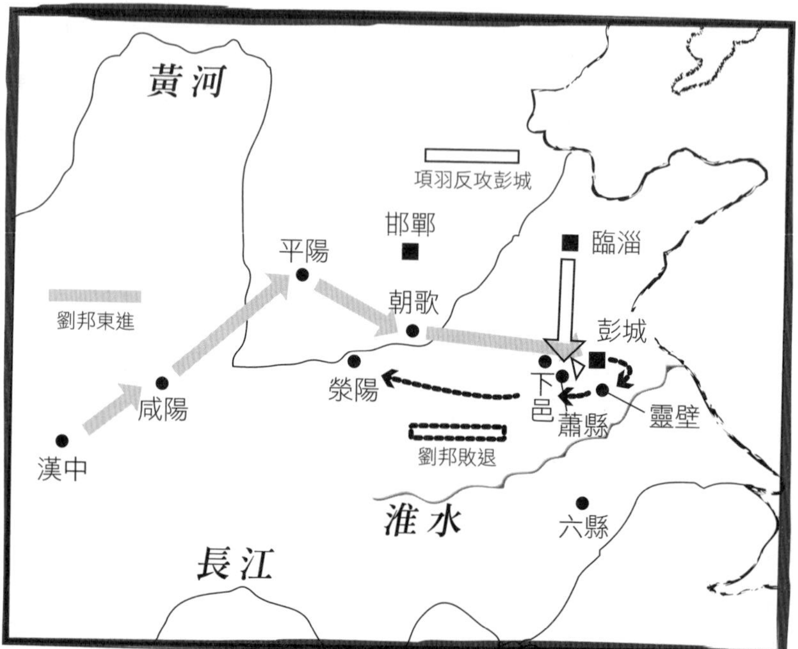

▲彭城大戰經過

不可能坐視不理。於是項羽留大部分軍隊在齊國，自己只帶了三萬精兵，殺向彭城。

劉邦呢？勝利來得太容易了，上次入咸陽也沒這次順利，且因打不過項羽而退出咸陽。這一次是項羽的軍隊被他勢如破竹，他以為大事已定，將彭城宮中的金銀、美女都納為己有，每天辦酒席宴飲。

項羽率三萬精兵向西，拂曉時在蕭縣（今江蘇省蕭縣）擊敗漢軍，中午就到了彭城。毫無戒心的漢軍不堪一擊，全軍敗走，楚兵追逐漢兵到穀水和泗水，殺十餘萬人。漢軍被大河攔住，只好往南面山區逃，楚軍繼續追擊，追到靈壁（今安徽省靈壁縣）睢水北岸，無船可渡，十幾萬人被逼進睢水淹死，睢水為之不流！

漢王劉邦被楚兵包圍三匝，眼看將被甕中捉鱉了。正在此時，老天爺救命。西北方突然颳起了大風，折斷大樹，颳起房頂，飛砂走石，天昏地暗，伸手不見五指！

楚軍被這一陣狂風吹得大亂，陣形無法維持，劉邦才得與數十騎逃脫。

漢王僥倖脫險，還想要經過沛縣，將家人一同帶走，往西邊撤退。同時間，項王也派人去抓劉邦家室。可是劉邦家人都已經逃走、失散，劉邦在途中遇到兒子、女兒，將他們帶上車子。

楚兵仍然在後面窮追不捨，情況緊急時，劉邦為了減輕馬車載重，將兒子、女兒都推下車子。

危急中仍然忠心追隨的夏侯嬰見狀，下馬將兩小抱回車上，如此一連三次，劉邦為之欲殺夏侯嬰十幾次。夏侯嬰對劉邦說：「雖然事態危急，又豈可以拋棄兒女！」最後，全靠夏侯嬰雙手豎抱著兩小，兩小的頭靠在夏侯嬰肩上，夏侯嬰還能維持駕車奔馳，兩小才得與老爹一同脫離險境。

劉邦的父親劉太公、妻子呂雉仍然失去聯絡。原來是審食其帶著他們走山間小路逃亡，卻不幸遇到楚軍，被捉去見項羽，項羽一直將他們帶在軍中。

【原典精華】

項王乃西從蕭，晨擊漢軍而東，至彭城，日中，大破漢軍。漢軍皆走，相隨入穀、泗水，殺漢卒十餘萬人。漢卒皆南走山，楚又追擊至靈壁東睢水上。漢軍卻，為楚所擠，多殺，漢卒十餘萬人皆入睢水，睢水為之不流。

圍漢王三匝。於是①大風從西北而起，折木發屋②，揚沙石，窈冥晝晦③，逢迎④楚軍。楚軍大亂，壞散，而漢王乃得與數十騎遁去，欲過沛，收家室而西；楚亦使人追之沛，取漢王家。

家皆亡，不與漢王相見。漢王道逢得孝惠、魯元⑤，乃載行。楚騎追漢王，漢王急，推墮孝惠、魯元車下，滕公⑥常下收載之。如是者三。曰：「雖急不可以，奈何棄之？」於是遂得脫。

求太公、呂后不相遇。審食其從太公、呂后閒行，求漢王，反遇楚軍。楚軍遂與歸，報項王，項王常置軍中。

——《史記．項羽本紀》

夏侯嬰又是什麼人？他原本是沛縣政府的公務馬車御者，每次送客人回程，都會經過泗上亭，與劉邦交談，且每次都在泗上亭過夜。

有一次，劉邦開玩笑誤傷了夏侯嬰。公務員傷人依法應加重刑罰，而秦法嚴苛，知情不報者同罪，所以就有知情者擔心受牽連而提出檢舉。

劉邦面對司法，不承認有傷及夏侯嬰，而夏侯嬰也作證劉邦沒有弄傷他。後來發覺夏侯嬰作了偽證，被關一年多，還挨了數百鞭笞，可是劉邦因此沒事。

沛縣縣令聽蕭何、曹參意見召喚劉邦，劉邦帶領人眾要進縣城，縣令反悔不開城門，蕭何、曹參跳城逃出，夏侯嬰在城內策動打開城門，劉邦才當上了沛公。

①於是：就在那個時候。
②發：打開。發屋：掀開屋頂。
③窈：音「咬」，通「杳」。窈冥：昏暗不明。晝晦：白晝如黑夜。
④逢迎：此處做「大風正吹向（楚軍）」解。
⑤孝惠：劉邦的兒子後來成為孝惠帝。魯元：劉邦的女兒後來封魯元公主。
⑥滕公：夏侯嬰後來封滕縣公爵。

易言之，夏侯嬰不但是沛縣革命元勛，而且跟劉邦是鐵桿兄弟。而他本來就是職業御者，所以劉邦從起義到後來當了皇帝南征北討，包括這次在彭城大敗之後突圍逃命，都是由夏侯嬰駕車。記得嗎？之前韓信差點被斬首時，就是向夏侯嬰喊話的。

言歸正傳。漢王劉邦潰敗，諸侯聯軍隨之瓦解，劉邦一天內從聯軍統帥淪落到只剩下一支孤軍，所有諸侯重又歸附西楚霸王項羽。

48、英布叛楚

劉邦被項羽打成喪家之犬，困居下邑（今江蘇省碭山縣北），回不去關中，束手無策。問身邊幕僚：「我願意放棄關東，讓給能夠擊敗項羽的人，誰有這個能力？」關東，指的是函谷關以東，事實上劉邦已經完全失去關東。而劉邦的左右聞言面面相覷，沒人敢答腔，都已經在彭城被項羽嚇破了膽。

只有張良看出，項羽雖然所向披靡，可是楚軍全靠他一個人，只要多樹敵人，項羽並非不可擊敗。

事實上也是，項羽回師收復彭城，留在齊國的楚軍馬上就被田橫擊敗，項羽立的齊王田假逃回彭城，項羽下令決將他斬首，齊國再度回到田橫控制之下。

而這正是項羽不能追殺劉邦的原因，項羽的敵人，北面有齊、趙，西面有漢，所能寄望的只有九江王英布，他是西楚王國的唯一救火隊。

張良看出項羽的困境，向劉邦提出：「九江王英布原本是楚軍梟將，可是他跟項王之間已經有了裂痕；彭越曾經與齊王聯合，如今在故魏國地界與楚軍對抗。此二人可以趕快去跟他們聯絡。至於大王麾下，只有韓信可以擔當大任。如果你把關東大事交給他們，楚國一定撐不住。」

英布原本是項家軍頭號勇將，從項梁到項羽入關，都是他打先鋒，每戰皆捷。可是項羽命令他幹了兩件「Dirty Job」：新安坑殺秦軍降卒與江南刺殺義帝之後，英布開始不甩項羽。項羽攻擊齊國時，徵調英布參戰，英布聲稱有病在身，只派了一位將領，帶幾千人前往；漢軍攻陷彭城，英布仍然稱病不發兵。項羽對他很感冒，數次派使節去六縣（九江國都城，今安徽省六安縣）詰問，並要英布前往彭城，英布內心恐慌，不敢前往。可是項羽欣賞英布，繼續容忍他。

劉邦認為張良的建議很對，可是誰來執行呢？

他對左右臣僚發脾氣：「看你們這些草包，沒有一個可以討論天下事的。」謁者（禮賓官）隨何問：「大王說的是什麼『大事』？請將這個任務交付給我。」

劉邦派二十人當隨何的隨從。可是他到了六縣之後，等了三天都見不到九江王。隨何研判：楚王使者也在六縣。乃對九江國太宰說：「大王一直不肯接見，當然是因為楚強漢弱。請閣下幫忙讓我謁見大王，如果大王同意我所說，閣下大功一件；如果我說的不對，我和同行二十人甘心在六縣的市場上斬首，大王可以藉此明確表示支持楚國。」

太宰向國王轉達了漢王使者的意思，九江王召見使者。隨何一番話說動了英布，英布同意支持漢王，可是楚王使者還在六縣，英布向隨何表示「希望不要洩露機密」。

隨何可不能讓英布有猶豫空間，他打聽到楚王使者的館舍位置，直入館舍。楚王使者正在催促九江王出兵，隨何自己坐到上座，對楚王使者說：「九江王已經歸附漢王，你還要他發兵嗎？」

英布在現場聽見這一番話，當場呆掉，楚王使者聞言翻臉走人。隨何對英布說：「事已至此，只有殺了使者，不讓他回去通報，並且盡快與漢王併力攻楚。」

【原典精華】

隨何因說太宰曰：「王之不見何，必以楚為彊，以漢為弱，此臣之所以為使。使何得見，言之而是邪，是大王所欲聞也；言之而非邪，使何等二十人伏斧質淮南市，以明王倍①漢而與②楚也。」

……

楚使者在，方急責英布發兵，舍傳舍。隨何直入，坐楚使者上坐，曰：「九江王已歸漢，楚何以得發兵？」布愕然。楚使者起。何因說布曰：「事已搆③，可遂殺楚使者，無使歸，而疾走漢并④力。」布曰：「如使者教，因起兵而擊之耳。」於是殺使者，因起兵而攻楚。

——《史記．黥布列傳》

【原典精華】

英布於是殺了楚王使者，起兵攻楚。項羽派項聲、龍且攻英布，自己攻劉邦。幾個月之後，龍且擊敗英布，而劉邦得以在滎陽站穩腳步，與項羽對峙（達成「牽制項羽幾個月」的目標），英布只得逃往滎陽投奔劉邦。

英布到達漢王大帳，劉邦正坐在床上洗腳（這一招在初見酈食其時已用過），召英布入見。英布見狀大怒，悔恨不該前來，甚至想要自殺。扭頭回到為他準備的營帳，卻見帳幔、器用、飲食、侍從官員都與漢王同樣規格，遂又大喜過望。

淮南王至，上方踞床洗，召布入見，布（甚）大怒，悔來，欲自殺。出就舍，帳御飲食從官如漢王居，布又大喜過望。

——《史記．黥布列傳》

劉邦收服英布的這一套，叫做「用不測之辱，施不測之恩」，之前對酈食其已經用過一次。劉邦對不同性格的人，施展相同的「辱」，卻施不同的「恩」（對酈食其用禮遇，對英布用物質享受）。

英布派人回九江接家眷，卻已經被楚軍殺光。這是項羽的作風，可是項羽因此又添了一個仇人。英布原本還可能對項羽有些歉疚，至此只剩下仇恨。

①倍：同「背」，相反陣線。
②與：同一陣線。
③搆：成。事已搆：事已至此。
④并：同「併」。

49、韓信破魏

英布背叛項羽，幫劉邦爭取到穩住陣腳的時間，但那也是一段艱苦過程。

趁著項羽攻擊英布，劉邦帶著殘餘部隊，穿過（今日）湖北、河南之間的山區，除了防備楚軍追趕，還得提防有人偷襲。

終於，漢軍撤退到了滎陽（今河南省滎陽縣），這裡有險要的虎牢關，也有囤積中原地區糧食的敖倉，劉邦決定在這裡抵抗項羽，而不是退回關中守函谷關。

留守關中的蕭何將「老弱未傅者」，也就是接近成年和屆齡退役但尚未除名的男子送到滎陽前線，讓漢軍穩住了陣腳。

楚軍騎兵一再前來挑戰，漢軍騎兵統帥灌嬰接連打了幾場勝仗，使楚軍的攻勢受到頓挫，無法越過滎陽。

這時候，關中地區卻發生大飢荒，一斛（音「胡」，十斗）米賣到一萬錢，一萬錢當

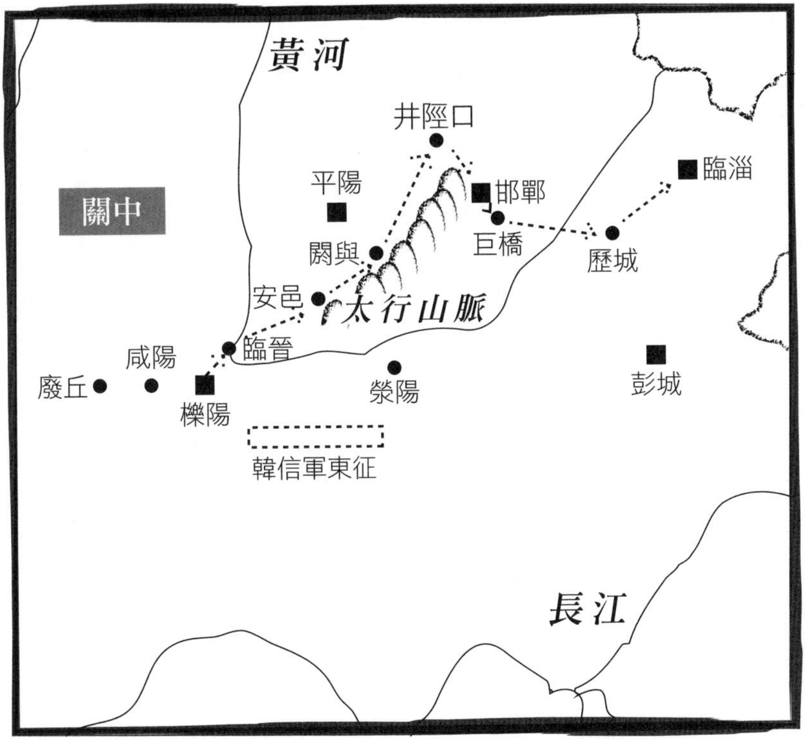

▲韓信東征

時約合黃金一斤。

那真是一個慘澹經營的時期，就在這個時候，魏王魏豹卻落井下石，投向楚陣營。

劉邦派手下第一說客酈食其前往魏國遊說魏王豹，可是魏豹拒絕，說：「漢王態度傲慢，往往侮辱人家的人格，還用粗話辱罵諸侯、群臣，像罵家中奴僕一樣。我不願再看到他那副嘴臉。」

劉邦派韓信掛丞相銜領軍征魏，灌嬰、曹參為副帥，分別統領騎兵、步兵。

劉邦問酈食其：「魏國的大將是誰？」

「柏直。」

「那小子乳臭未乾，不是韓信對手。騎兵將領是誰？」

「馮敬。」

「他是秦將馮無擇的兒子，還不錯，但卻不是灌嬰對手。步軍將領是誰？」

「項它。」

「他也不是曹參對手。我放心了。」

韓信也向酈食其再做確認：「魏王會不會以周市為大將？」周市是當初陳勝派去經略魏地的宿將，已經身經百戰，而且對魏國地形熟悉。

酈食其說：「魏王確定以柏直為大將。」

韓信：「那小子不成材。」

【原典精華】

漢王問食其：「魏大將誰也？」
對曰：「柏直。」
王曰：「是口尚乳臭，安能當韓信！騎將誰也？」
曰：「馮敬。」
曰：「是秦將馮無擇子也，雖賢，不能當灌嬰。步卒將誰也？」
曰：「項它。」
曰：「不能當曹參。吾無患矣！」
韓信亦問酈生：「魏得無用①周叔②為大將乎？」
酈生曰：「柏直也。」
信曰：「豎子耳。」遂進兵。

——《資治通鑑．漢紀一》

①無用：不會用。
②周叔：周市輩分高，時人尊稱他為周叔。

漢軍進兵，魏王豹在蒲坂（今山西省永濟市）布置重兵，盯住臨晉（今陝西省大荔縣）的漢軍。韓信將計就計，大動作集結船隻，擺出要在臨晉大舉渡過黃河的姿態。卻派出奇兵，從八十公里外的夏陽（今陝西省韓城市）搭浮橋渡河，直攻魏國首都安邑（今山西省夏縣）。

魏王豹在蒲坂接獲消息，大驚，回軍迎戰。兵敗，被韓信生擒，解送滎陽。

韓信打贏了這一仗，向劉邦要求增兵三萬，乘勢向北攻掠燕、趙，再由燕、趙往南攻齊，最終目標是切斷楚軍（由彭城至滎陽）的糧道。劉邦同意，韓信乃成為漢軍東征總司令。

50、置之死地而後生

韓信東征，下一個目標是趙國。

之前趙國（陳餘主政）跟漢王劉邦同盟攻楚，可是後來被陳餘發現，張耳並沒有死，他被劉邦唬弄了，於是趙國與漢王分道揚鑣。

所以，韓信攻下魏國之後，箭頭指向趙國，而且還帶著張耳一同。

韓信與張耳帶領數萬軍隊東進，預備穿過井陘攻趙。趙王歇與陳餘得到情報，乃聚集兵力在井陘口應戰，號稱有二十萬大軍。

陳餘手下將領李左車獻策：「井陘穿過太行山區，地形狹隘，車馬都無法交會的路段長達數百里。請撥給我三萬人馬，抄他後路，斷絕他的補給線。閣下只要深溝高壘不出戰，對方進退不得，十天之內，韓信、張耳的腦袋將可以放在我們的軍旗之下。」

陳餘是位儒將，經常掛在口上的就是「義兵不用詐謀奇計」。對李左車的建議，說：

「《孫子兵法》上說：十倍軍力則包圍敵人，兩倍軍力則對戰（原文：十則圍之，倍則戰）。如今韓信的兵力號稱數萬，其實不過數千，他千里而來，士卒已經累壞了。如果這種敵人都不正面迎擊，將來遇到更大的對手，怎麼作戰？如果因此而被諸侯認為我們趙國怯戰，只怕會招致更多攻擊。」拒絕了李左車的獻策。

韓信擅長用計，豈會輕易涉險？他知道通過井陘行軍的風險，所以派出很多批探子偵察趙軍動向。當他確定陳餘不採納李左車的獻策，即刻下令大軍開入井陘，爭取在陳餘改變主意前通過。

數百里山隘險道安然通過，未遭埋伏，一直到達距離井陘口三十里處，韓信下令停止。半夜派出二千輕騎兵，不帶重裝備，每個人隨身帶一支漢軍的紅色軍旗，繞山中小路，藏在可以望見趙軍營壘的山中，交付任務：「我軍將詐敗，只要看見趙軍傾巢而出，你們要迅速馳入趙軍營壘，拔掉趙軍旗幟，插上漢軍的紅旗。」

奇兵出發後，韓信下令開飯，說：「拂曉展開攻擊，擊敗趙軍後，一同吃早餐。」諸將其實沒信心，卻不敢表示，只能齊聲答應「是的」。

軍隊吃飽飯，先派出一萬人，對帶頭將領說：「趙軍已經取得有利地形，建立壁壘，沒看見我大將的旗鼓，不會出擊，怕我縮回井陘，他不好攻擊。所以，你先出去，背水結陣。」前軍依計行事，趙軍在營壁上望見漢軍居然做出這種不合兵法的動作，都大笑（輕敵）。

天亮了，韓信大軍出井陘口，高舉大將旗幟、部隊擊鼓前行。趙軍也開壘出兵攻擊，兩軍酣戰良久。

韓信與張耳依照計劃詐敗，下令拋棄軍旗與戰鼓，往背水結陣的漢軍橋頭堡撤退。水岸陣地開壘讓大軍進入，然後整頓隊伍，回頭再戰。

壁壘內的趙軍果然傾巢而出，爭搶漢軍丟棄在戰場上的旗鼓，（因為奪得敵方旗鼓可以報功，而前方軍隊忙於追逐敵人，無暇揀拾旗鼓，營內軍隊乃急著搶功）而漢軍背水一戰，退無可退，個個拚命，趙軍無法取勝。

這時候，前晚派出的二千騎兵迅速馳入趙軍壁壘，拔掉趙軍旗幟，插上漢軍紅旗。趙軍回頭看見，大驚，以為營壘已經失陷。

由於趙軍家屬都在營壘內，軍心一亂，陣形跟著大亂，個個只想往回跑。殿後的趙軍將領斬殺逃兵，仍然擋不住兵敗如山倒。

於是漢軍前後夾擊，大破趙軍，陳餘在亂軍中戰死，趙王歇被俘。

果然當天「破趙會食」，漢軍慶功宴會上，諸將問韓信：「兵法布陣的原則是：右方與後方倚靠山陵，左方與前方有水澤。可是將軍卻背水結陣，還說今天就會大勝，我等當時不服氣，但事實卻正是如此。請問，這是什麼戰術？」

韓信說：「兵法裡其實都有，只是諸君沒想到而已。《孫子兵法》不是說『陷之死地而後生，置之亡地而後存』嗎？我帶領諸君遠征，並沒有長期的合作默契，軍隊也非素有訓練，只能置之死地，讓人人為自己的生存拚命。以敵我的實力，如果放在『生地』（有逃跑的空間），早就逃光了，還能打勝仗嗎？」

諸將這才服氣說：「太神奇了，不是我輩所能及。」

【原典精華】

諸將效首虜①，畢賀，因問信曰：「兵法右倍②山陵，前左水澤，今者將軍令臣等反背水陳③，曰破趙會食，臣等不服。然竟以勝，此何術也？」

信曰：「此在兵法，顧諸君不察耳。兵法不曰『陷之死地而後生，置之亡地而後存』？且信非得素拊循④士大夫也，此所謂『驅市人而戰之』，其勢⑤非置之死地，使人人自為戰（不可）；今予之生地，皆走，寧尚可得而用之乎！」

諸將皆服曰：「善。非臣所及也。」

——《史記·淮陰侯列傳》

①效：呈獻。首虜：清點斬首與俘虜數目。
②倍：同「背」。
③陳：陣，借用字。
④拊：同「撫」。循：訓練。素拊循：長官愛護士卒，軍隊訓練有素。
⑤其勢：營造氣勢。

51、大將風範

韓信為什麼能百戰百勝？因為他的思考裡永遠有「失敗」的空間。

在背水一戰得勝、諸將佩服得五體投地之餘，他沒有忘記那個差點讓他進不了井陘的李左車（如果陳餘採納李左車的獻策，韓信肯定不走井陘）。於是他下令全軍：誰能找到活著的李左車，賞千金。

很快的，有人送來了綁著的李左車。大將軍韓信親自為李左車解開繩子，請李左車坐在西席，以對待老師之禮待之。

韓信向李左車請教：「我的目標是北攻燕、東伐齊，向您請教如何才能成功？」

李左車說：「敗軍之將不可言勇，亡國之大夫不可以圖存。我只是一個戰敗的俘虜，沒資格參與討論軍國大事。」

韓信說：「從前，百里奚在虞國擔任大夫，虞國滅亡了；可是他去秦國當大夫，秦國卻成為春秋五霸之一。並不是百里奚在虞國時很愚笨，而在秦國時很聰明，完全在於主君是否採納他的獻策、是否聽信他的建言。如果陳餘之前採用閣下提出的戰術，此刻應該換我韓信是俘虜吧。都是因為他不用閣下之計，我才有機會向您請教啊，所以，請不要推辭了。」

李左車仍然低調謙虛：「人家說『智者千慮，必有一失；愚者千慮，必有一得』，恐怕我的計策未必管用，但是我仍然願意向你效忠，提出我的淺見。」

【原典精華】

於是信問廣武君①曰：「僕欲北攻燕，東伐齊，何若而有功？」

廣武君辭謝曰：「臣聞敗軍之將，不可以言勇，亡國之大夫，不可以圖存。今臣敗亡之虜，何足以權②大事乎！」

①廣武君：李左車後來封廣武君，故司馬遷以此稱呼。
②權：權衡，商量。

信曰：「僕聞之，百里奚居虞而虞亡，在秦而秦霸，非愚於虞而智於秦也，用與不用，聽與不聽也。誠令成安君③聽足下計，若信者亦已為禽④矣。以不用足下，故信得侍⑤耳。」因固問曰：「僕委心歸計，願足下勿辭。」

廣武君曰：「臣聞智者千慮，必有一失；愚者千慮，必有一得。……顧死臣計未必足用，願效愚忠。」

——《史記．淮陰侯列傳》

李左車說：「成安君陳餘有百戰百勝的計謀，可是一旦敗戰，身死名滅。將軍先前渡過西河，俘虜魏王豹，如今一個早上就擊敗趙國二十萬大軍，威震天下。可是師老兵疲，其實很難繼續。將軍想要以疲弊之兵，攻燕國的堅城，只怕久攻不下，氣勢衰竭，反而讓齊國增強抵抗意志。若燕、齊攻不下來，楚漢在滎陽的對峙僵局也就難以打開。我的建議是，將軍不要再依恃武力，而能善用政治作戰。」

韓信：「具體該怎麼做呢？」

李左車說：「最好的做法，是按甲休兵，讓官兵得以休息，也讓趙國百姓得到安撫。你將會發現，百里之內的老百姓都會送來肉食與美酒勞軍。然後大軍北向，派出能言善道的使節，向燕國君臣曉以大義，燕國一定屈服。燕國順服之後，再將大軍東移，指向齊國，同時派出使節向齊國勸降，齊國也必定不敢抵抗。於是，天下就在你的掌握之中了。兵法有所謂『先聲後實』，就是指這個作法。」

韓信依計行事，果然燕國望風披靡。韓信目標轉向齊國，報請漢王封張耳為趙王，劉邦同意。

漢軍在北方戰場順利，可是在滎陽的漢王劉邦卻正陷入苦戰。

③成安君：趙王封陳餘成安君。
④禽：同「擒」，借用字。
⑤得侍：得以侍候。韓信的謙詞。

52、借箸代籌

漢王劉邦在滎陽與西楚霸王項羽對峙，楚軍不斷的破壞漢軍糧道，劉邦感受到軍糧不繼的壓力，與酈食其研究如何削弱楚國勢力。

酈食其最擅長就是《戰國策》那一套縱橫術，當初還是沛公的劉邦就很欣賞酈食其那一套。酈食其此時又端出來，說：「大王如果能恢復故六國，頒印信給他們的後人，這樣，六國君臣都會感戴你的恩德，聽你的指揮。大王德被天下之後，南面稱霸，連楚國都會來朝拜你。」

這一套其實已經過時，可是劉邦聽得很順耳，說：「好極了，趕快派人刻印，由先生帶去分封六國後人。」

印璽還沒刻好，張良恰好出差回來。劉邦正在用餐，對他說：「子房，來，有人為我策劃了削弱楚國勢力的妙計。」

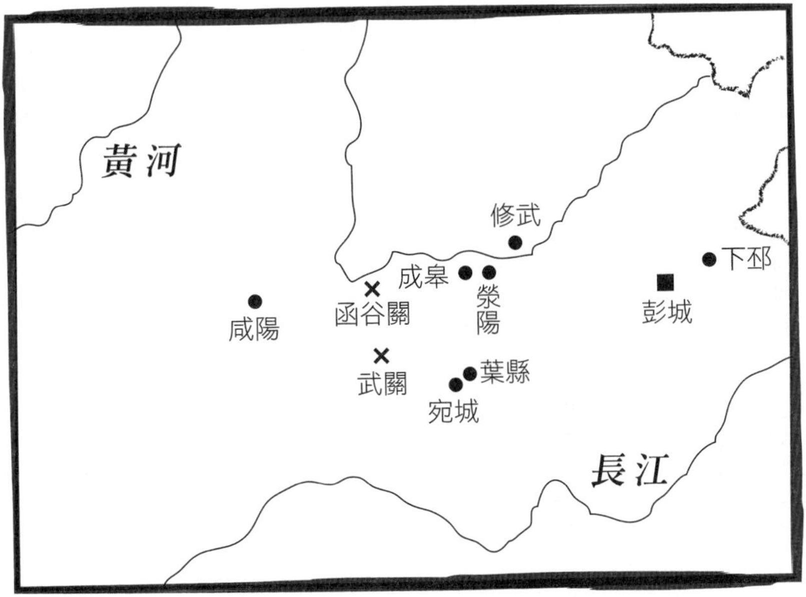

▲項羽劉邦對峙滎陽成皋間

劉邦才將「妙計」說完，張良立刻發言：「這是誰出的餿主意？陛下的大事這下可完了！」

劉邦：「怎麼講？」

張良：「請容我為陛下借箸代籌。」

箸，就是竹筷子。籌，是古代一種竹片工具，常用於計算。如籌碼、籌劃都是用「籌」作為計算工具。借箸代籌就是用餐桌上的筷子權充計劃室裡的竹籌。

張良：「從前商湯伐夏桀，然後把夏的後人封在杞，是因為他有能力置夏桀於死地。現在大王有能力置項籍於死地嗎？」

劉邦：「不能。」

張良放下第一根筷子。說：「這是（封六國之後）不可行的理由之一。同理，周武王伐商紂，封商的後代於宋，是因為他能拿下紂王的腦袋。請問大王現在能得到項籍的頭嗎？」

劉邦：「還不能。」張良放下第二根筷子。

接下去，張良細數劉邦目前做不到的事情：向聖、賢、智者示恩；將倉庫中的糧食、財貨都分給貧窮百姓（軍隊都不夠吃用了）；放下兵器，昭告天下太平；將戰馬野放以示戰爭結束；將牽車的牛野放，以示不再需要運輸糧草。劉邦當然都無法辦到，而張良也隨著問題一一放下五根筷子。

然後，張良手上拿起第八根筷子，說：「立了六國的後人，各方謀士說客都各自回去事奉各自的君王，與家人親戚團聚，誰還來幫大王取天下呢？」

劉邦已經講不出話來。

張良放下第八根筷子，說：「除非楚國不強，否則新建立的六國還不是又去附從他，陛下又如何讓他們臣服呢？所以我說，採用那傢伙的計謀，陛下的大事就完了！」

劉邦聽了這番話，將口中沒嚥下去的食物吐了出來，騰出嘴巴開罵：「這小子，差一點敗了老子的大事。」下令立即銷毀印璽。

【原典精華】

良曰：「誰為陛下畫此計者？陛下事去矣。」

漢王曰：「何哉？」

張良對曰：「臣請藉①前箸為大王籌之。」

曰：「昔者湯伐桀而封其後於杞者，度②能制桀之死命也。今陛下能制項籍之死命乎？」

曰：「未能也。」

「其不可一也。武王伐紂封其後於宋者，度能得紂之頭也。今陛下能得項籍之頭乎？」

①藉：同「借」。

②度：破音字讀「舵」，估計。

曰：「未能也。」

「其不可二也。武王入殷，表商容之閭，釋箕子之拘，封比干之墓。今陛下能封聖人之墓，表賢者之閭，式智者之門乎？」

曰：「未能也。」

「其不可三也。發鉅橋之粟，散鹿臺之錢，以賜貧窮。今陛下能散府庫以賜貧窮乎？」

曰：「未能也。」

「其不可四矣。殷事已畢，偃革為軒，倒置干戈，覆以虎皮，以示天下不復用兵。今陛下能偃武行文，不復用兵乎？」

曰：「未能也。」

「其不可五矣。休馬華山之陽，示以無所為。今陛下能休馬無所用乎？」

曰：「未能也。」

「其不可六矣。放牛桃林之陰，以示不復輸積。今陛下能放牛不復輸積乎？」

曰：「未能也。」

「其不可七矣。且天下游士離其親戚，棄墳墓，去故舊，從陛下游者，徒欲日夜望咫尺之地③。今復六國，立韓、魏、燕、趙、齊、楚之后，天下游士各歸事其主，從其親戚，反其故舊墳墓，陛下與誰取天下乎？其不可八矣。且夫楚唯無彊，六國立者復橈④而從之，陛下焉得而臣之？誠用客之謀，陛下事去矣。」

漢王輟食吐哺⑤，罵曰：「豎儒，幾敗而公⑥事！」令趣銷印。

——《史記・留侯世家》

酈食其的獻策被張良否決，產生決定性作用的計策是由陳平提出。

③咫尺之地：指封王封侯。
④橈：音「ㄋㄠˊ」，屈木。橈而從之：屈服附從。
⑤吐哺：吐出口中食物。
⑥而：同「爾」。而公：你老子。

53、陳平毒計

項羽切斷了漢軍的糧道，劉邦被困在滎陽城內。沒招了，派人去跟項羽談條件，表示願意「割滎陽以西」求和。也就是甘願退守成皋、葉縣一線，做為停戰條件，但項羽不接受。

劉邦問陳平：「天下紛亂，何時才能平定呢？」

陳平說：「項王身邊的骨鯁之臣，只不過亞父范增，以及鍾離眛、龍且、周殷這幾個而已。項王為人猜忌，而且耳根子軟（容易聽信讒言），大王如果能夠拿出數萬金，讓我運用來進行反間之計，離間他們君臣，使他們彼此疑心，製造他們內部矛盾。就可以擊敗楚軍了。」

劉邦依計給了陳平大量黃金，陳平暗中收買楚人散布謠言，說鍾離眛等楚將因不得封王而不滿，想要與漢軍聯合，分項氏之地以稱王。

項羽的性格被陳平摸透，果然起了疑心。於是派使者去滎陽，一探真假。

聽說楚國有使者來，漢王以太牢（古時候的最高飲食規格）供餐，然後佯裝驚奇的發現：「唉，還以為是亞父的使者哩，原來是項王的使者！」當場吩咐撤下太牢，改以粗陋食品（及餐具）給使者進用。

這是非常戲劇化的一幕，使者想必深受衝擊。回去將情況詳實報告項王，項羽因此開始對范增起了疑心。

范增主張急攻滎陽城，不讓漢軍有時間調動關中軍隊來支援。可是項羽已經對他起了疑心，而且滎陽事實上久攻不下，採用絕糧道戰術至少收到一些效果，已迫使劉邦提條件議和，所以不採納范增的建議。

范增自七十歲出山，從輔佐項梁到輔佐項羽，一向言聽計從，並被尊為「亞父」（管仲被齊桓公尊為「仲父」，都是僅次於父親的尊稱），如今項羽居然懷疑他！老人家生氣了，對項王說：「天下事已經大定，君王可以自己完成統一大業，不需要我這個老朽了，請准許我這把老骨頭得以回家安享天年。」

范增不幹了，打道回老家，沒走到彭城，背上的惡瘡發作而死。

【原典精華】

陳平既多以金縱反閒①於楚軍，宣言諸將鍾離眛等為項王將，功多矣，然而終不得裂地而王，欲與漢為一，以滅項氏而分王其地。項羽果意不信鍾離眛等。

項王既疑之，使使至漢。漢王為太牢具②，舉進。見楚使，即詳③驚曰：「吾以為亞父使，乃項王使！」復持去，更以惡草④具進楚使。楚使歸，具以報項王。項王果大疑亞父。

亞父欲急攻下滎陽城，項王不信，不肯聽。亞父聞項王疑之，乃怒曰：「天下事大定矣，君王自為之！願請骸骨歸！」歸未至彭城，疽發背而死。

——《史記．陳丞相世家》

史書上有好幾個「疽發背而死」的記載，都是鬱鬱不得志的人，可以解釋成「心情鬱卒導致瘡毒發作」。然而，不得志有很多類型，「疽發背而死」的又都是跟主子意見不合而回家或流放的人，不免令人懷疑那個潰爛的「瘡」是刀傷造成——被還在生氣的主子派人追上去，在背上捅一刀，又不想被人說是誅殺功臣、忠臣，只好以「疽發背而死」予以合理化。

言歸正傳。陳平獻計成功，亞父死了，鍾離昧被懷疑，他又獻一奇計：夜裡開滎陽東門（楚軍在東），放出二千名女子，楚軍紛紛出動「搶俘虜」。同時由外貌與劉邦相似的將軍紀信坐著漢王的輦車（上有黃綾蓋），車上插著御旗，跟著駛出東城，派人高喊：「漢王投降！」圍城楚軍聽說，高呼「萬歲」，紛紛往東城集中，觀看這「歷史性的一刻」。劉邦於是得以從西門出奔，未受追擊。回到關中整頓軍隊，再圖東進。

項羽見到假扮漢王的紀信，問：「漢王何在？」紀信說：「走遠了。」項羽無法承受這種被愚弄的感覺，下令殺了紀信——這次不用「烹」，用「燒烤」。

---

①閒：同「間」，借用字。
②具：盛裝食物。
③詳：同「佯」。
④惡草：粗食。太牢是牛羊豬三牲，改為蔬菜，故稱「惡草」。

54、劉邦一奪韓信兵權

劉邦逃出滎陽，先到成皋，再回關中補充軍隊後，打算重返滎陽。一名策士轅生獻策：「楚漢在滎陽僵持，我方始終居於劣勢。建議大王引兵往南出武關，項王必定南下，希望捕捉到漢軍主力。然而大王必須堅持固守營壘不出戰，這樣可以牽制項羽主力，而讓滎陽、成皋前線獲得休息，也給韓信更充分的時間。等到韓信整合燕、齊，威脅項羽側背，大王再前往滎陽。如此，則楚軍必須三面設防，備多力分，而漢軍得到休息，然後發動反攻，必能勝利。」

這個戰略構想原本就在劉邦腦海之中，當初是希望英布能承擔南面任務，孰料英布敗了。如今轅生再提出，劉邦當即採納，兵出武關，抵達宛城、葉縣之間，同時也帶著英布一道走，讓他在故楚國境內招兵買馬。

而項羽果然如轅生所料，一聽說劉邦在南邊，立即引兵南下，可是劉邦堅守營壘，拒不出戰。

項羽本人一往南，彭越的游擊兵團立即渡過睢水，與楚軍大將項聲、薛公在下邳會戰，大破楚軍，斬薛公。

這裡交代一下彭越：之前劉邦與魏王豹結盟時，任命彭越為魏國相國，事實上彭越仍然帶領他的私人部隊打游擊。魏王豹背漢投楚，彭越繼續維持獨立。韓信滅魏後，彭越與漢王劉邦的關係是「加盟店」，基本立場是共同對抗西楚霸王項羽。

項羽獲報薛公陣亡，留將軍終公守成皋，親自率軍向東攻彭越。劉邦這時發動攻勢，離開宛城北進，攻陷成皋。

項羽三面受敵，可是他確實勇霸一世，先擊潰彭越，再回軍攻陷滎陽、包圍成皋。劉邦不再犯上次的同樣錯誤（被包圍），放棄成皋，與夏侯嬰同車溜出北門，渡過黃河，前往韓信、張耳駐在地小修武（今河南省修武縣東城）。到了以後，悶聲不吭，投宿一家民宿。

翌日凌晨，自稱是漢王使節，馬車直馳進入趙王軍營。總司令韓信與趙王張耳都還沒起床，劉邦直入臥室，奪取軍隊印信，然後用印信召集將領，調動職務。韓信、張耳起床，才知道來的是漢王本人，當場嚇到。

劉邦奪取了韓信軍隊後，命張耳到趙國四境巡行、安撫人民；擢升韓信為漢相國，帶領趙軍向東攻擊齊國。

【原典精華】

漢王出成皋，東渡河，獨與滕公①俱，從張耳軍修武。至，宿傳舍②。晨自稱漢使，馳入趙壁③。張耳、韓信未起，即其臥內上奪其印符，以麾召諸將，易置之。信、耳起，乃知漢王來，大驚。漢王奪兩人軍，即令張耳備守趙地。拜韓信為相國，收趙兵未發者擊齊。

——《史記．淮陰侯列傳》

記得張良說過「沛公是天縱英明」嗎？現在證明他真的是：滎陽二度陷落，從成皋逃出，不回關中，而北渡黃河，收取韓信、張耳的趙軍，就不是常人能為。但若敗回關中，聲勢大衰，韓信、張耳肯定不再受他節制。只有在韓信尚未得到消息之前，迅速奪取軍隊指揮權才行。

收了印信，還放心任使張耳、韓信，而韓信、張耳也仍然對他死心塌地，這就不只是軍事天才而已，還有統御之術。

①滕公：夏侯嬰，劉邦的當然御者。
②傳舍：驛站。
③壁：軍營四周柵欄。

55、民以食為天

漢王劉邦接收了當初撥給韓信的關中軍隊，再赴滎陽戰場，漢軍恢復聲勢。

郎中鄭忠建議「正面高壘深塹，側面加強騷擾」，劉邦採納。派出嫡系軍隊，由堂兄劉賈率領，協助彭越向楚軍側翼進行游擊戰。自己擔任正面，只要楚軍攻來，立即堅壁不戰，其他友軍則攻擊楚軍供輸路線。

這個戰術奏效，彭越奪下了十七座故魏國的城池。項羽命令大司馬曹咎堅守成皋，任憑漢軍挑戰，一律不准出擊。自己領軍攻彭越，彭越敗走，項羽再回成皋前線。

劉邦實在打不過項羽，打算放棄攻取成皋，轉進到鞏縣、洛陽一帶，與項羽保持距離。

酈食其進言：「能夠體認天上有天的人，就能王天下。王者以人民為天，人民以食物為天。敖倉做為天下糧食轉運倉庫已經很久，可是我聽說它地下存糧的數量仍然龐大。楚軍攻下滎陽，卻不懂得堅守敖倉，反而向東去打彭越，這是老天賜給漢國的大好機會。如今，楚軍已陷於將要敗北的境地，大王卻想要撤退，放棄有利的局面，我認為大大的錯誤。而且，兩雄不並立，楚漢對決已經太久，天下為此不安。農夫放下耕犁，婦女放下織機（人民不事生產），就因為不曉得什麼時候才得安定。建議大王趕快恢復攻擊，奪回滎陽，一來取得敖倉的糧食，一來扼守成皋險要之地，然後堵塞太行道、防衛飛狐口，在白馬津屯駐重兵，以示天下諸侯：漢王已經站在優勢地位。這樣，天下英雄才知道該歸附哪一邊。」

劉邦採納，擬訂計劃奪取滎陽，據守敖倉。

【原典精華】

酈生因曰：「臣聞知天之天者，王事可成；不知天之天者，王事不可成。王者以民人為天，而民人以食為天。夫敖倉，天下轉輸①久矣，臣聞其下乃有藏粟甚多。楚人拔滎陽，不堅守敖倉，乃引而東，令適卒②分守成皋，此乃天所以資漢也。方今楚

①轉輸：各地糧食運來敖倉，再轉往需要的地方。
②適：讀音「折」，同「謫」。適卒：罪犯組成的軍隊。

易取而漢反卻，自奪其便，臣竊以為過矣。且兩雄不俱立，楚漢久相持不決，百姓騷動，海內搖蕩，農夫釋耒③，工女下機④，天下之心未有所定也。願足下急復進兵，收取滎陽，據敖倉之粟，塞成皋之險，杜大行⑤之道，距蜚狐⑤之口，守白馬之津，以示諸侯形制⑥之勢，則天下知所歸矣。」

乃從其畫，復守敖倉。

——《史記．酈生陸賈列傳》

③耒：農具。
④機：織機。
⑤大：同「太」。蜚：同「飛」。太行道、飛狐口都是太行八陘之一。
⑥形制：控制住形勢。

56、三寸舌勝百萬師

酈食其再向劉邦進言：「如今趙、燕已經平定，東方只剩齊國。田姓王族在齊地勢力極大，又有泰山、黃河等天險，南邊又與楚國接壤，變數很大。雖然已經派韓信前往經略，卻非短時間可以征服。請你授權我前往遊說齊王，勸他歸順，成為漢國的東方屏藩。」

劉邦欣然同意。

酈食其畢生鑽研戰國縱橫家那一套，常恨生不逢時。在此之前，只有遊說陳留縣令投降成功，算是牛刀小試，這下子可有了大展「舌功」的機會。

酈食其去到臨淄，問齊王田廣：「大王知不知道天下將由誰統一？」

田廣：「不知道。」

酈食其：「大王如果知道將由誰統一，則齊國可以保住國祚；若不知道，齊國將難保矣！」

田廣：「那你說，天下將歸於哪一方？」

酈食其：「歸於漢。」

田廣：「為什麼？」

酈食其：「當初義帝與諸將約定，先入關中者為王。漢王先進咸陽，可是項王不但毀約，還放逐義帝，最後更謀殺義帝。漢王興復仇之師，收復三秦（謊言一，劉邦先攻三秦，之後項羽才殺義帝），集合天下兵力討伐項王，立六國後裔為王（謊言二，那只是酈食其個人的「餿主意」，已被張良否決，但卻可見酈食其始終在思考遊說諸侯的籌碼），守將凡投降者皆封侯，貢獻糧秣者分給他土地，所以天下豪傑之士都願意為他出力。項王恰恰相反，不但有背約惡名，將領攻陷城池卻不得賞，將領有功不記得，有過卻忘不了，除了項氏同宗與親戚，都得不到信任授權，沒有人甘心效忠。所以，最後勝利必將屬於漢王。更重要的是，漢軍最近一連串勝利：攻下魏國、趙國，並取得敖倉糧食，扼守成皋險要，形勢已經對漢有利（謊言三，後面一半只是他的理想描繪）。……大王如果先歸順漢王，齊國社稷可保；晚了，危亡隨時臨頭。」

田廣聽了，認為有道理，就接受酈食其的意見，派出使節向漢王表達歸順之意。同時放鬆了原先布置在歷下（今山東省歷城縣）的防衛，每天與酈食其喝酒享樂。

【原典精華】

酈生說齊王曰：「王知天下之所歸乎？」
王曰：「不知也。」
曰：「王知天下之所歸，則齊國可得而有也；若不知天下之所歸，即齊國未可得保也。」
齊王曰：「天下何所歸？」
曰：「歸漢。」
曰：「先生何以言之？」
曰：「漢王與項王力西面擊秦，約先入咸陽者王之。漢王先入咸陽，項王負約不與而王之漢中。項王遷殺義帝，漢王聞之，起蜀漢之兵擊三秦，出關而責義帝之處，收天下之兵，立諸侯之后。……夫漢王發蜀漢，定三秦；涉西河之外，援上黨之兵；下井陘，誅成安君；破北魏，舉三十二城，此蚩尤之兵①也，非人之力也，天之福也。……王疾②先下③漢王，齊國社稷可得而保也；不下漢王，危亡可立而待也。」

田廣以為然，乃聽酈生，罷歷下兵守戰備，與酈生日縱酒。

——《史記·酈生陸賈列傳》

酈食其憑三寸不爛之舌，勝過了韓信大軍。漢王劉邦因酈食其的口才，兵不血刃得到齊國。可是韓信大軍正開往齊國，而劉邦並沒有通知韓信撤軍！

①蚩尤之兵：楚人以蚩尤為戰神，「蚩尤之兵」是吹牛漢軍為上天眷顧的軍隊。
②疾：趕快。
③下：降服。

57、烹殺酈食其

韓信大軍東進，來到黃河渡口平原津，聽到酈食其已經說降齊王的消息，乃有意停止進軍。

一位辯士蒯徹（之前說服范陽縣令投降武臣那一位）對韓信說：「將軍是得到漢王詔書受命而攻齊，如今漢王另外派出使節說降齊王，可是有下詔命令將軍停止嗎？你憑什麼不前進呢！話說回來，姓酈的一介書生，乘一輛車子，要一張嘴皮子，就降服了齊國七十餘城。而將軍統兵數萬，打了一年多才攻下趙國五十餘城，難道大將拚命數年，還不如一個光桿書生嗎？」

韓信聽了這話，下令全軍渡河，而蒯徹也自此成為韓信的重要策士。

【原典精華】

韓信引兵東，未度平原①，聞酈食其已說下齊，欲止。辯士蒯徹說信曰：「將軍受詔擊齊，而漢獨發間使②下齊，寧有詔止將軍乎，何以得毋行也？且酈生，一士，伏軾③掉三寸之舌④，下齊七十餘城；將軍以數萬眾，歲餘乃下趙五十餘城。為將數歲，反不如一豎儒之功乎！」於是信然之，遂渡河。

——《資治通鑑．漢紀一》

原本駐守歷下的齊軍，因為齊王田廣向漢王劉邦輸誠而鬆懈了防衛，被韓信大軍襲擊，潰敗，漢軍直逼齊都臨淄。齊王田廣聽說漢軍已經兵臨城下，以為是酈食其出賣他，就對酈食其說：「你能叫漢軍停止，我就放你活命，否則，就將你烹殺。」

酈食其是個聰明人，曉得發生了什麼事，也明白自己不可能叫韓信退兵。心想，自己的家小還在漢國，弟弟酈商更擔任將軍，如果就此死了，老弟與兒子至少會得到漢王照顧。於是抬頭挺胸說：「辦大事不能顧及細節，行大德不辭小讓（這兩句是大話，毫無意義）。你老子不會為你去說退漢軍。」

於是齊王烹殺酈食其，領軍向東撤退到高密（今山東省高密縣），派出使節向楚國求救，項羽派龍且（讀音「居」）為大將，率領二十萬大軍救齊。

【原典精華】

齊王田廣聞漢兵至，以為酈生賣己，乃曰：「汝能止漢軍，我活汝；不然，我將亨⑤汝！」

酈生曰：「舉大事不細謹，盛德不辭讓。而公不為若更言！」

齊王遂亨酈生，引兵東走。

——《史記．酈生陸賈列傳》

龍且大軍尚未開到，且看成皋戰場的變化。

①平原：故趙國平原君的封地，在趙、齊邊境。
②間使：定位酈食其為「間諜作用」的使節。
③伏軾：靠在車前橫木上。以此對比韓信「騎在馬背上」的辛苦。
④掉：弄。掉三寸之舌：再次對比韓信必須「揮舞沈重兵器」的辛苦。
⑤亨：烹，借用字。

58、分我一杯羹

先前項羽命曹咎鎮守成皋，命令他「堅守不准出戰」，自己領兵去攻彭越。漢軍則趁此機會拿下敖倉。

當時漢軍採用了「罵陣」戰術，輪流派人在城外罵山門。曹咎終於忍不住了，下令開城出戰，兵渡汜水（汜水流經虎牢東門）。

楚軍渡河一半，漢軍發動攻擊，大破楚軍。成皋乃落入漢王手中，項羽儲積在成皋的金銀財寶也都落入劉邦手中，曹咎自刎。

劉邦將重兵進屯廣武（今河南省廣武縣），廣武在敖倉西面山上，有兩座城，中間夾一條澗，扼住了敖倉出入要衝，而漢軍得以安心取得敖倉糧食。

項羽擊敗彭越，收復故魏國地界十餘城，聽說成皋失陷，即刻回師救滎陽。當時漢軍正把楚將鍾離眜包圍在滎陽東郊，聽說項羽回師，沒人敢應戰，紛紛退守附近險要。可是雖然項羽收復了滎陽，卻過不了廣武天險，楚漢再陷入對峙。

幾個月過去，漢軍有敖倉糧食可吃，楚軍糧道卻一再被彭越襲擊，楚軍開始感受到糧食不繼的壓力。

項羽想出一招：製作一個超大砧板（俎），把劉邦的老爹劉太公（劉執嘉）放到俎上，派人通知劉邦：「如果不趕快投降，我就烹殺你爹。」

劉邦回答使者：「我曾經跟項羽同時接受楚懷王的命令，要我們兩人結為兄弟。既然是兄弟，我爹就是他爹，如果一定要烹食他爹，別忘了分我一杯羹。」

項羽對這種死皮賴臉至為憤怒，下令行刑。這時項伯勸阻他：「天下事還沒分出勝負，咱們又不是居於下風（其實形勢已經轉為對楚軍不利），何必做這種動作？劉邦是一個有爭天下野心的人，絕不會顧惜家人生命。殺了他爹，於事無補，只會激怒對方，增加仇恨。」項羽這才罷手。

項羽再派使者去對劉邦說：「天下因戰亂紛擾已經好幾年，壯丁忙著打仗，老弱苦於運輸，只為了我們兩個人而已。這樣吧，我跟你兩人來一次單挑，決一雌雄，別再拖累全天下的父老兄弟了。」

劉邦笑著回絕：「我寧可鬥智，不願鬥力。」

【原典精華】

當此時，彭越數反梁地，絕楚糧食，項王患之。為高俎①，置太公其上，告漢王曰：「今不急下，吾烹太公。」

漢王曰：「吾與項羽俱北面受命懷王，曰『約為兄弟』，吾翁②即若翁，必欲烹而翁，則幸分我一杯羹。」

項王怒，欲殺之。項伯曰：「天下事未可知，且為天下者不顧家，雖殺之無益，只益禍耳。」項王從之。

楚漢久相持未決，丁壯苦軍旅，老羽罷③轉漕。項王謂漢王曰：「天下匈匈④數歲者，徒以吾兩人耳，願與漢王挑戰決雌雄，毋徒苦天下之民父子為也。」

漢王笑謝曰：「吾寧鬪智，不能鬪力。」

——《史記·項羽本紀》

曹咎不能忍，身死兵敗；劉邦能忍，卒成大業。但是劉邦的忍功著實令人不寒而慄，居然可以無視老爹生死，仍然講得出冷笑話來！

①俎：砧板。
②翁：對朋友父親的尊稱，劉邦刻意用「翁」稱呼。
③罷：同「疲」，破音字。
④匈匈：同「洶洶」，擾亂不安。

59、劉邦中箭

劉邦表明「寧鬥智，不鬥力」，項羽仍不放棄，先後派出三員戰將出陣挑戰，被漢軍陣中的一名樓煩族（部落在後來雁門關附近）神射手，來一個射殺一個。

項羽暴怒，親自披甲執戟出陣挑戰，那樓煩射手搭箭欲射，項羽怒目如電、喝聲如雷，神箭手當場嚇得「目不敢視，手不敢發」，逃回漢營，不敢復出。

漢王派人探聽對方那位勇士是何人，才知道是項王，大為震駭。然而經過這一回合，原本漢軍因樓煩射手而士氣高昂，這下子消長互見。於是劉邦提出見面條件：兩人隔廣武澗，也就是廣武雙城中間夾的那條水道隔水見面，項羽也同意。

劉邦、項羽王見王，項羽再次提議「單挑」，劉邦拒絕，並當眾數落項羽十大罪狀：一、違背當初約定，讓我到蜀漢為王；二、矯楚懷王詔殺卿子冠軍；三、援救趙國（鉅鹿）後卻不回彭城覆命，逕自帶領諸侯軍隊入關；四、放火焚燒秦國宮殿，挖掘秦始皇陵，私吞秦王財物；五、殺秦國降王子嬰；六、耍詐坑殺秦軍降卒二十萬人；七、將好地方封給隨你（項羽）入關的諸將，卻將原來的諸侯王貶到偏遠地方；八、放逐義帝，自居彭城為都，又奪取韓、魏、楚之地給自己；九、派人暗殺義帝；十、施政不公、法令無信，為天下所不容、大逆無道。然後說：「我帶領正義之師，與天下諸侯一同討伐殘忍賊子，自有罪犯囚徒攻擊你，我何苦跟你單挑！」

項羽大怒，下令暗中埋伏的弓箭手射中劉邦胸口，劉邦中箭受傷，仍有急智，說：「啊呀！賊子射中了我的腳趾。」

漢王傷重臥床，軍心不穩。張良要劉邦勉強起身巡視部隊，以安定軍心，不讓楚軍有可乘之機。

劉邦勉強起身巡視營區，傷勢因此愈加嚴重，乃由廣武回到成皋城中療養。

【原典精華】

於是項王乃即①漢王，相與臨廣武間而語。羽欲與漢王獨身挑戰。

漢王數羽曰：「……（數落項羽十大罪狀）吾以義兵從諸侯誅殘賊，使刑餘罪人②

擊公，何苦乃與公挑戰！」

羽大怒，伏弩射中漢王。漢王傷胸，乃捫③足曰：「虜中吾指。」

漢王病創臥，張良強請漢王起行勞軍，以安士卒，毋令楚乘勝。漢王出行軍，疾甚，因馳入成皋。

——《資治通鑑．漢紀一》

這是楚漢相爭期間，劉邦最低潮的時刻。而項羽很快就由高峰急轉直下，原因是東戰場出現了決定性的轉變。

①即：遷就。
②刑餘罪人：抗秦起義軍很多都是秦時犯罪之人。
③捫：摸。

60、假齊王

之前，項羽派大將龍且領兵救齊，號稱二十萬大軍。有人向龍且獻策：「漢軍遠道而來，個個拚命，銳不可擋。齊楚聯軍由於離家太近，士卒一旦吃敗仗，就容易逃兵。所以我們不如深溝高壘，要齊王派出親信，到各個淪陷的城去號召齊人起義。齊人聽說國君還在，楚國又有大軍來援，就有信心，就會自動起義反漢。對遠征二千里的客軍而言，這意味著糧草不繼，我們可以不戰而勝。」

龍且說：「我素知韓信為人，這個人好對付。況且，如果韓信不戰而降，我又有什麼功勞？如今只要戰勝韓信，可以得到半個齊國，為何要休兵？」

有可能龍且聽說過韓信甘受胯下之辱的故事，因而以為他「好對付」。但是，真正蒙蔽了龍且心智的，就是他所謂的「半個齊國」：

戰國時，樂毅率燕軍攻下齊國七十餘城，齊湣王逃到莒城困守，向楚國求援。楚國援兵將領淖齒想要取代齊王，乃絞殺了齊湣王。可是齊國大夫王孫賈號召齊人起義，殺了淖齒。

同樣是齊王快敗光了，同樣是楚軍來援。龍且想的是：絕對不可以犯淖齒當年相同的錯誤，只要打敗韓信，莫說「半個齊國」，要整個齊國，難道還有阻力？所以，「由齊王號召人民起義」，那豈不是「田單復國」翻版？當然不可以。

於是在這種輕敵又急於求戰的心態之下，龍且很容易就蹈入韓信布下的陷阱。

兩軍隔濰水列陣，韓信下令製作一萬多個囊袋，盛滿砂子，趁夜將濰水上游以砂包堵住水流，形成一個人工偃塞湖。天亮後，引兵渡河攻擊龍且，然後假裝戰敗，漢軍敗退渡河。龍且一見果然「好對付」，喜形於色的說：「我早說韓信膽怯，沒錯吧！」下令楚軍大舉渡河追擊。

韓信待漢軍全數上岸，下令上游伏兵將塞住河流的砂包掘開，大水排山而至。龍且大軍大部分沒渡河，小部分淹死在河中，渡過河的軍隊遭到韓信猛烈攻擊，龍且陣亡。齊王廣逃走，韓信俘虜了大部分楚軍。

韓信平定齊國後，派使者向漢王請求：「齊人狡詐多變，反反覆覆，南邊又與楚國接壤。如果只以占領軍名義，恐怕難以搞定，希望能封我一個『假王』，我才有鎮壓齊人的正當性。」

漢王劉邦在滎陽城中養箭傷，看到韓信來書，大怒，開罵：「老子困處此地，日夜期盼你來幫我，你小子卻只想自己封王！」

話說一半，張良和陳平各踹了一下劉邦的腳跟，附耳進言：「我們正處於不利情況，哪有力量阻止韓信稱王？不如順勢立他為齊王，更厚待他，至少讓他中立，守住齊地就好。否則的話，他可以自立為齊王，甚至可能跟項羽聯合，那可後果嚴重喔！」

劉邦是個聰明人，一點就透，立即改口，仍以開罵口氣說：「沒出息，大丈夫平定諸侯之地，當然就是真王，還當什麼『假王』！」

於是派張良為使節，帶著印信，到臨淄去封韓信為齊王，並徵召韓信出兵，由東方攻擊楚國。

【原典精華】

（韓信）使人言漢王曰：「齊偽詐多變，反覆之國也，南邊①楚，不為假王以鎮之，其勢不定。願為假王便。」

當是時，楚方急圍漢王於滎陽，韓信使者至，發書，漢王大怒，罵曰：「吾困於此，旦暮望若來佐我，乃欲自立為王！」張良、陳平躡漢王足②，因附耳語曰：「漢方不利，寧能禁信之王乎？不如因而立，善遇之，使自為守。不然，變生。」漢王亦悟，因③復罵曰：「大丈夫定諸侯，即為真王耳，何以假為！」乃遣張良往立信為齊王，徵其兵擊楚。

——《史記．淮陰侯列傳》

韓信這一場勝仗，扭轉了整個局勢。原本楚、漢在滎陽對峙，趙、燕、齊在東方算是「第三勢力」。如今韓信橫掃東方，原本楚強漢弱的局面，變成「兩邊和大於第三邊」。張良衡諸大局，研判項羽只有一招：策反韓信，或至少讓他中立。所以趕緊說服劉邦，封韓信為齊王。

①邊：緊鄰。
②躡漢王足：「躡」原本是「踩腳跟」的意思，當時情景以「踢腳跟」較合理。
③因：順勢。也就是順應原來語氣。

61、蒯徹

西楚霸王項羽自鉅鹿之戰以後，戰無不勝、攻無不克，自以為天下無敵，所以四處征戰、樂而不疲。直到龍且陣亡，他才陡然發覺，他已經沒有可以託付重任的方面大將與可以討論天下大勢的幕僚。這時，更顯出兩位當世智囊的重要性：一位是范增，如果范增尚在，肯定不會讓項王如沒頭蒼蠅般到處滅火，而會教他抓住重點，掌握全局；另一位是張良，張良幫助劉邦最大的，其實不在歷次貢獻奇計「促成」了什麼，而在勸阻劉邦做錯事情：封韓信為「真齊王」就是一樁。

果然，項羽已經派了一位說客武涉去遊說齊王韓信：「……漢王不是可以長久效忠的對象，事實上他落在項王手中已經好幾次（鴻門宴一次，彭城敗逃一次，滎陽脫逃又一次），都是因為項王可憐他，才放他一條活路。可是他每次僥倖活命，總是背約反叛，又攻擊項王，是如此的不可信任。閣下如今雖然自以為與漢王交情深厚，為他賣命征戰，但是終必遭他毒手。閣下還能活到今天，其實是因為項王還在呀！當前楚漢爭霸，能夠左右大局的就是閣下，閣下靠右則漢王勝，靠左則項王勝，可是一旦項王滅亡，漢王明天就會收拾閣下。閣下與項王有老交情，何不反漢，與楚聯合，三分天下，自己稱王？如果錯過眼前的機會，頑固支持漢王，難道是智者所當為？」

韓信說：「我當年事奉項王，官職不過郎中，工作不過執戟（宿衛），建言、獻策都不採用，所以投奔漢國。漢王授我上將軍印，交付數萬軍隊給我，我吃的、穿的都跟他一樣（劉邦對付英布也是同一套），聽我的建言、用我的獻策，我才有今天的地位。人家待我如此親近、如此信任，我若背叛他，可是不吉祥的。我即使死了，也不會動搖立場，請為我向項王致謝！」——如果劉邦之前動氣而拒絕封王，甚至只被動封他個「假王」，韓信還會如此死忠嗎？這就是張良的價值了。

言歸正傳。武涉不得要領而去，那位曾經勸韓信進兵，取得齊地的策士蒯徹卻認為機不可失。於是想要以相人術說服韓信：「我曾經跟一位高人學過相人之術。」

韓信：「先生的相人之術如何？」

蒯徹說：「相人之貴賤在於頭骨的構造，相人的眼前運勢在於面容神色，相人的事業成敗在於決斷力。以此三者做判斷，一萬個不會錯一個。」

韓信：「好。先生看寡人之相如何？」

蒯徹：「請屏退左右。」

韓信吩咐左右退出。蒯徹說：「我相大王的面，不過封個侯爵（韓信此時位居齊王，蒯徹暗示將來會被貶），而且處境危險，並不安定。可是我相大王的背，卻貴不可言！」

【原典精華】

楚已亡龍且，項王恐，使盱眙人武涉往說齊王信曰：「……且漢王不可必①，身居項王掌握中數矣，項王憐而活之，然得脫，輒倍約②，復擊項王，其不可親信如此。今足下雖自以與漢王為厚交，為之盡力用兵，終為之所禽③矣。足下所以得須臾至今者，以項王尚存也。當今二王之事，權在足下④。足下右投則漢王勝，左投則項

①必：一貫原則。不可必：沒有原則。
②輒倍約：每次都違背約定。
③禽：同「擒」，借用字。為之所擒：被他（劉邦）收拾。
④權：衡。權在足下：閣下地位舉足輕重。

王勝。項王今日亡，則次取足下。足下與項王有故，何不反漢與楚連和，參分天下王之？今釋此時，而自必於漢以擊楚，且為智者固若此乎！」

韓信謝曰：「臣事項王，官不過郎中，位不過執戟，言不聽，畫不用，故倍楚而歸漢。漢王授我上將軍印，予我數萬眾，解衣衣我，推食食我⑤，言聽計用，故吾得以至於此。夫人深親信我，我倍之不祥，雖死不易。幸為信謝項王！」

……

（蒯通⑥）以相人說韓信曰：「僕嘗受相人之術。」

韓信曰：「先生相人何如？」

對曰：「貴賤在於骨法，憂喜在於容色，成敗在於決斷，以此參之，萬不失一。」

韓信曰：「善。先生相寡人何如？」

對曰：「願少閒⑦。」

信曰：「左右去矣。」

通曰：「相君之面，不過封侯，又危不安。相君之背，貴乃不可言。」

——《史記．淮陰侯列傳》

「背」暗示「反」。屏退左右，然後說「貴不可言」，意思很明顯吧？

蒯徹繼續引申：「當今兩強的命運操在閣下手中，我冒死提出建議：最高利益是與楚漢等距外交，讓他們維持均勢，則齊國可以三分天下，鼎足而居。以閣下用兵之神，不難割取大邊、補助小邊，然後扶助鄰近小諸侯，諸侯感懷齊王的德澤，相率而朝，齊國就能號令天下了。」

蒯徹「鼎足三分」的戰略可能是對的，但是後面那一套「霸之道」卻是過時的春秋戰國遊戲規則，韓信對這一套肯定聽不進去。於是又以「漢王衣我以其衣，食我以其食」做為推辭，謝絕了蒯徹的進言。

蒯徹暗示韓信「閣下的背貴不可言」，提這種建議可是拎著腦袋在幹的事情。雖然韓信一番推辭，蒯徹豈能就此打退堂鼓，於是再接再厲，提出更尖銳的說法：

「閣下自以為與漢王交情深厚，認為可以保住齊王萬世之業，我認為那是大錯特錯。近一點的例子，當初張耳、陳餘兩人都是平民時，結為刎頸之交。可是一旦翻臉，張耳將

⑤解衣推食：穿的、吃的都一樣，備極禮遇。
⑥蒯通：司馬遷為避漢武帝劉徹名諱，稱蒯徹為蒯通。
⑦少：稍微。閒：同「間」，借用字。少閒：屏退左右。

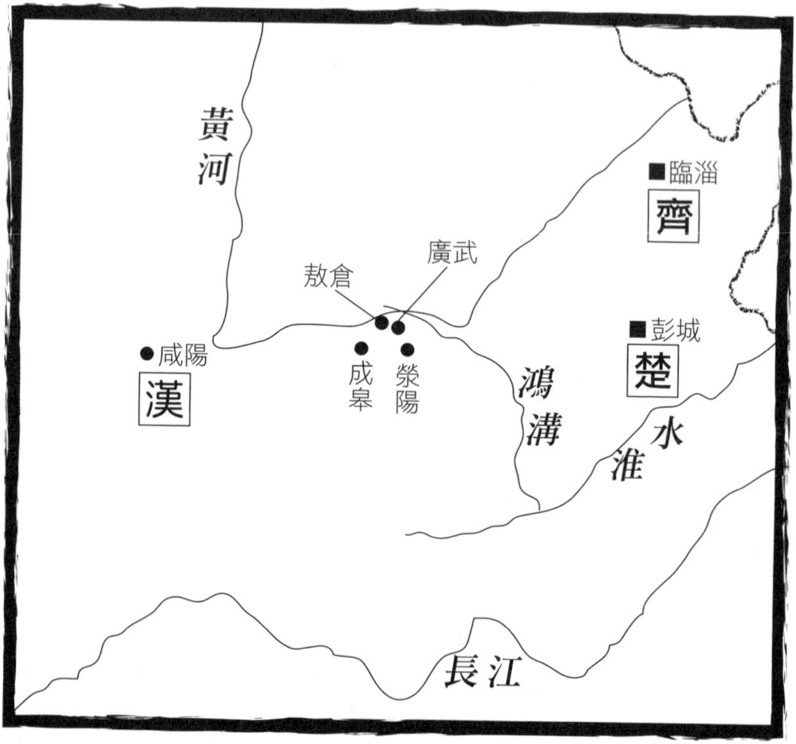

▲楚、漢、齊三邊形勢

陳餘斬首，頭足異處，陳餘成為天下笑柄。這兩位交情夠深了吧，為什麼後來相殺不共戴天？就因為禍患總是起於欲望無窮，而人心難測啊！請問，閣下如今與漢王的交情，能超過張耳、陳餘當年嗎？再舉遠一點的例子，文種、范蠡輔佐句踐復國，進一步稱霸，功成名就卻自身死亡，這是野獸捕盡後，獵狗就被烹殺了。閣下與漢王的交情，以朋友而言，不如張耳、陳餘；以君臣而言，不如文種之於句踐；用這兩個例子比較，足以明白了吧，希望閣下深思熟慮之後，再做決定。」

「還有，臣子英勇韜略威脅國君者，身處危險境地；而功勞大到蓋天下（天下等於是你打下來的）者，國君無法賞賜。我替閣下計算一下功勞……（略）。所以，你現在功高震主，沒有君王可以再加賞你什麼。你若歸順楚國，項羽不放心你；歸順漢國，劉邦怕死了你。你又能向誰歸心呢？我實在為閣下擔憂啊！」

韓信仍然說：「先生別再說了，我知道了。」

過了幾天，蒯徹再進言：「……猛虎如果猶豫不決，還不如蜜蜂勇於螫刺；駿馬躑躅不前，還不如駑馬慢跑；孟賁（古代勇士）一旦狐疑，還不如普通人下決心行動；一個人雖有大舜大禹那樣的智慧，如果話都只在喉間咿唔、不說出來，那還不如啞吧、聾子用手比劃。重點在能行。功業要成功很難，要敗掉很容易；時機難得而易失。機會一閃即逝，不會再來，請閣下明察。」

【原典精華】

蒯生曰：「足下自以為善漢王，欲建萬世之業，臣竊以為誤矣。始常山王、成安君⑧為布衣時，相與為刎頸之交，后爭張黶、陳澤之事，二人相怨。常山王背項王，奉項嬰頭而竄，逃歸於漢王。漢王借兵而東下，殺成安君泜水之南，頭足異處，卒為天下笑。此二人相與，天下至驩⑨也。然而卒相禽者，何也？患生於多欲而人心難測也。……大夫種、范蠡存亡越，霸句踐，立功成名而身死亡。野獸已盡而獵狗亨⑩。夫以交友言之，則不如張耳之與成安君者也；以忠信言之，則不過大夫種、范蠡之於句踐也。此二人者，足以觀矣。願足下深慮之。……今足下戴⑪震主之威，挾⑪不賞之功，歸楚，楚人⑫不信；歸漢，漢人⑫震恐；足下欲持是安歸乎？夫勢在人臣之位而有震主之威，名高天下，竊為足下危之。」韓信謝曰：「先生且休矣，吾將念之。」

后數日，蒯通復說曰：「……故曰『猛虎之猶豫，不若蜂蠆之致螫；騏驥之跼躅⑬，不如駑馬之安步；孟賁之狐疑，不如庸夫之必至也；雖有舜禹之智，吟而不言，不如瘖⑭聾之指麾⑮也』。此言貴能行之。夫功者難成而易敗，時者難得而易失也。時乎時，不再來。願足下詳察之。」

——《史記．淮陰侯列傳》

蒯徹講得夠明白了，言語能夠形成的壓力也可說達到極致了。可是韓信仍然猶豫，不忍心背叛漢王，而且自以為功勞大，漢王總不會奪走他的齊王。

韓信不聽蒯徹的建言，蒯徹曉得自己已經種下大禍，而且算準韓信的下場悲慘，只好假裝發瘋，去當乩童。

⑧項羽大封諸侯，張耳為常山王，陳餘為成安君。
⑨驩：同「歡」，交好。
⑩亨：同「烹」。
⑪戴：頂在頭上。挾：夾在腋下。都是「擁有」的誇張形容。
⑫楚人指項羽，漢人指劉邦。
⑬跼：音「局」。躅：音「逐」。跼躅：要走不走的樣子。
⑭瘖：啞。
⑮麾：通「揮」。指麾：揮動手指表達意思。

62、鴻溝

韓信拒絕項王拉攏，擺明支持漢王。而在滎陽、成皋戰場對峙中的楚漢兩軍，漢兵士氣高、糧食足，楚兵疲倦且快要斷糧，形勢對楚軍大不利。

劉邦此時派出陸賈為使節遊說項王，請求放回太公（劉邦老爹劉執嘉），項羽不接受。劉邦再派侯公為使節前往遊說，項羽這次答應與漢軍簽訂和約，兩方以鴻溝（或稱洪溝）為界，以西歸漢，以東歸楚。項王送回漢王的父母妻子，當他們進入漢軍營壘，漢軍營中響起一片高呼萬歲。

這一聲「萬歲」不是為劉太公而呼，也不是為劉邦而呼，甚至不是為楚軍認輸而呼，而是為和平而呼。事實上，鴻溝以西包括了廣武、敖倉、滎陽、成皋等地，當初漢王提出「兩國以滎陽為界，以西歸漢，以東歸楚」，項羽不答應，如今反而更後退了——項羽退讓，這是以前從未發生過的事情。

依約楚軍必須後撤，所以項羽領兵向東，撤軍回家。劉邦也準備領兵西歸，回去關中。

可是張良、陳平卻建議他背信毀約，說：「漢軍已經擁有天下的大半，而諸侯也歸附於漢。楚軍則兵疲糧盡，這是老天要滅亡楚國的時候，不如把握機會，追擊楚軍。如果這一次放過機會不攻擊他，就是所謂『養虎遺患』啊！」漢王採納這個意見，追擊撤退回家的楚軍。

【原典精華】

是時，漢兵盛食多①，項王兵罷食絕①。漢遣陸賈說項王，請太公，項王弗聽。漢王復使侯公往說項王，項王乃與漢約，中分天下，割鴻溝以西者為漢，鴻溝而東者為楚。項王許之，即歸漢王父母妻子。軍皆呼萬歲。……項王已約②，乃引兵解③而東歸。

①盛：士氣旺盛。罷：破音字，讀「疲」，同義。「兵盛食多」相對於「兵疲食絕」。
②已約：已經簽訂和約。

漢欲西歸，張良、陳平說曰：「漢有天下太半④，而諸侯皆附之。楚兵罷食盡，此天亡楚之時也，不如因其機而遂取之。今釋弗擊，此所謂『養虎自遺患』也。」漢王聽之。

——《史記．項羽本紀》

我們常說「難以跨越的鴻溝」，就是出自這個典故。可是，真實的故事卻告訴我們：只要臉皮夠厚、心夠黑，就沒有跨不過的鴻溝。

同時，這也是典型的張良與陳平的計謀：為求勝利，不擇手段。先要詐讓對手鬆懈鬥志，然後背信攻擊。但是以求勝的角度看，這的確是稍縱即逝的機會，如果讓項羽回去休息個半年，非但漢軍不是對手，諸侯也將「西瓜偎大邊」，形勢再度逆轉。

但即使是追擊一心思歸的楚軍，劉邦難道就是項羽的對手了嗎？

③解：解甲。
④太半：泰半。

63、四面楚歌

漢軍由滎陽追擊楚軍，追到固陵（今河南省淮陽縣），項羽對劉邦這種小人行徑非常光火，回師攻擊，漢軍大敗。劉邦徵召齊王韓信與魏相國彭越前來會師，卻都沒有來，只好堅壁自守，不敢出戰。

劉邦問張良：「韓、彭不來，怎麼辦？」

張良說：「楚國滅亡在即，而他倆都還沒分到土地，不來並不意外。只要大王肯真心與他們共享天下，他倆馬上就會來。要曉得，齊王韓信稱王不是你的本意，韓信心裡原本就不踏實；而彭越原本已經掠得魏國土地，大王卻要他擔任宰相輔佐魏王豹。如今魏豹已死，彭越當然也想封王，你卻一直不決定。如果將睢陽（今河南省商丘市）以北到穀城（今山東省東阿縣）都封給彭越為魏王，自陳縣以東到大海，都封給韓信為齊王，讓他們為自己的封地而戰，楚軍就敗定了。」

劉邦正一籌莫展，當然同意，於是韓信、彭越都帶兵前來會合。

【原典精華】

漢王復堅壁自守，謂張良曰：「諸侯不從，奈何？」

對曰：「楚兵且破，二人未有分地，其不至固宜；君王能與共天下，可立致①也。齊王信之立，非君王意，信亦不自堅；彭越本定梁地，始，君王以魏豹故拜越為相國；今豹死，越亦望王，而君王不足②定。今能取睢陽以北至穀城皆以王彭越，從陳以東傳③海與韓王信。信家在楚，其意欲復得故邑。能出捐④此地以許兩人，使各自為戰，則楚易破也。」漢王從之。於是韓信、彭越皆引兵來。

——《資治通鑑．漢紀三》

①致：同「至」。
②不足：不定。
③傳：同「附著」之附。傳海：臨海。
④出：釋出。捐：棄。出捐：出讓。

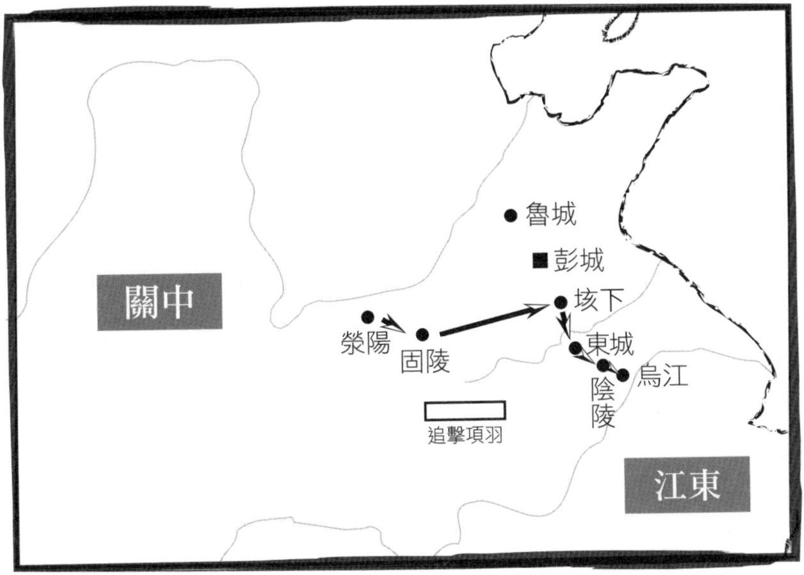

▲劉邦追擊項羽

另一路人馬由劉邦堂弟劉賈與英布率領，由長江以南包抄上來。楚國大司馬周殷被誘降，背叛項羽，迎接英布，向北會合劉賈。

項羽率軍且戰且走，目標彭城。可是走到垓下（今安徽省靈壁縣東南，是一處高岡絕巖），軍隊已經逃散大部分，糧秣也不繼。幾次發動反撲，都被韓信擊退。以前百戰百勝的項羽，只能困守營壘，外面是層層包圍的漢軍與諸侯聯軍。

韓信使出一計絕招：命軍中的楚人在包圍圈四面唱起楚歌。

項羽大驚，說：「難道漢軍已經攻下楚地（江東）了嗎？為什麼有那麼多楚人？」其實，劉邦、韓信、英布都是楚人，他們的軍隊中更多得是楚人。而四面楚歌的真正厲害之處，就是唱垮了楚軍的戰鬥意志——家鄉已近在咫尺，算了，甭打了，回家吧！

項羽夜半無眠，起身在帳中飲酒。面對長年陪侍的虞姬，與坐騎「騅」（毛色黑白相雜曰騅），項羽慷慨悲歌：「力拔山兮氣蓋世，時不利兮騅不逝。騅不逝兮可奈何，虞兮虞兮奈若何！」

虞姬也為他唱和：「漢兵已略地，四面楚歌聲；大王意氣盡，賤妾何聊生！」唱完引劍自刎。

項羽感傷，流下熱淚數行，帳中左右都陪著一起哭泣，沒有一個抬得起頭來。

【原典精華】

項王軍壁垓下，兵少食盡，漢軍及諸侯兵圍之數重。夜聞漢軍四面皆楚歌，項王乃大驚曰：「漢皆已得楚乎？是何楚人之多也！」

項王則夜起，飲帳中。有美人名虞，常幸從；駿馬名騅，常騎之。於是項王乃悲歌慨，自為詩曰：「力拔山兮氣蓋世，時不利兮騅不逝。騅不逝兮可奈何，虞兮虞兮柰若何！」歌數闋，美人和之。項王泣數行下，左右皆泣，莫能仰視。

——《史記・項羽本紀》

64、烏江自刎

四面楚歌、軍無戰志、虞姬自殺。項羽終於覺悟，大勢已經無可挽回，他決定突圍（拋棄大軍），騎上坐騎「騅」，一馬當先殺出，跟隨他的有八百多人。趁著夜色昏暗，衝出重圍，突破漢軍包圍圈的薄弱處南面——彭城在垓下的東方，南方是老家江東，漢軍將重兵布置在東面，研判項羽應該不會「逃」回家。（記得「錦衣夜行」故事嗎？項羽在家鄉父老面前的面子比什麼都重要）

所以，漢軍認為趁夜突圍的可能是求援部隊，直到黎明時分，漢軍才發覺，夜裡突圍而去的是項王本人，漢王劉邦派騎兵司令灌嬰帶五千騎兵追趕。

項羽渡過了淮水，由於「騅」的速度太快，原本追隨的八百騎，只剩百餘騎還跟得上。一行人到了陰陵（今安徽省定遠縣靠山鄉），迷路，向一位耕田的老者問路，老者故意指錯方向：「向左。」左邊通往一片大沼澤區，項羽一行陷入沼澤難行，耽誤了不少時間，於是被漢兵追上。

項羽領著隨從向東繼續奔逃，到了東城（今安徽省定遠縣東城鎮），隨從只剩二十八騎，而後面的追兵卻有數千騎！

項羽自度無法脫身了，對二十八騎說：「我起兵已經八年，身經七十餘場戰役，正對我的敵人一概擊破，受我攻擊者無有不服，未嘗吃過敗仗，於是霸有天下。今天卻受困於此，這是老天要亡我，不是我打不過人家。今天固然是非死不可，我要為諸君再做一次突擊：我將連勝漢軍三場，替諸君打開包圍，斬將、砍倒軍旗。讓諸君明白，是天要亡我，不是戰技不如人！」

當時，漢軍將項王層層包圍。項羽將二十八騎分為四隊，分朝四個方向，說：「我為諸君取漢軍一將。」然後，四隊各自衝出，約定前方山坡的東面三處為集結點。

項羽自己放聲大呼，飛馳而下，漢軍當者披靡，斬一名漢將。另一名騎兵將領楊喜追趕項羽，項羽回頭，怒目叱喝之，楊喜人馬俱驚，差點墜地。

突圍部隊衝殺數里之後，分別集結在原先約定的三處。漢軍不知項王在哪一群，因此分為三個包圍圈。

項羽再次衝鋒，斬一名都尉，殺數十人，三群再會合，只損失了二騎。

項羽問二十六騎：「怎麼樣？」

騎士都佩服得五體投地，說：「果然如大王所言（非戰之罪）。」

項羽帶著二十六騎，直奔烏江渡口，烏江亭長已經準備好船隻等待，對項王說：「江東雖然小，卻也有千里平方土地，人口數十萬，足為一方之王。請大王趕快上船渡江，這裡只有我這一艘船，漢軍追到也無船可渡。」

項羽笑笑說：「既然天要亡我，渡過江去幹嘛！當初我項籍帶領江東子弟八千人渡江西進，如今沒有帶一個人回來，縱使江東父老兄弟看我可憐，仍然擁我為王，我又有什麼面目見他們？即使他們對我沒有怨言，我又豈能無愧於心？」

於是對亭長說：「我曉得您是善意待我，這匹馬（騅）我騎了五年，所向無敵，曾經一天馳騁千里。我不忍心牠跟我一起陣亡，也不忍心殺牠，就送給您了！」

二十六位騎士一同下馬，隨項王持短兵器與漢軍交戰。

【原典精華】

項王自度不得脫。謂其騎曰：「吾起兵至今八歲矣，身七十餘戰，所當①者破，所擊者服，未嘗敗北，遂霸有天下。然今卒困於此，此天之亡我，非戰之罪也。今日固決死②，願為諸君快戰③，必三勝之，為諸君潰圍，斬將，刈旗④，令諸君知天亡我，非戰之罪也。」

乃分其騎以為四隊，四向。漢軍圍之數重。項王謂其騎曰：「吾為公取彼一將。」令四面騎馳下，期山東⑤為三處。於是項王大呼馳下，漢軍皆披靡，遂斬漢一將。是時，赤泉侯⑥為騎將，追項王，項王瞋目而叱之，赤泉侯人馬俱驚，辟易⑦數里與其騎會為三處。漢軍不知項王所在，乃分軍為三，復圍之。項王乃馳，復斬漢一都尉，殺數十百人，復聚其騎，亡其兩騎耳。乃謂其騎曰：「何如？」騎皆伏曰：「如大王言。」

①當：正面對敵。
②決死：死定了。
③快戰：突擊。
④刈：音「亦」，砍倒。今常用「斬將搴（音千）旗」。
⑤期：約。山東：山坡東面。
⑥赤泉侯：楊喜殺項羽後封赤泉侯。
⑦辟易：驚嚇退卻。

於是項王乃欲東渡烏江。烏江亭長檥⑧船待，謂項王曰：「江東雖小，地方千里，眾數十萬人，亦足王也。願大王急渡。今獨臣有船，漢軍至，無以渡。」項王笑曰：「天之亡我，我何渡為！且籍與江東子弟八千人渡江而西，今無一人還，縱江東父兄憐而王我，我何面目見之？縱彼不言，籍獨不愧於心乎？」乃謂亭長曰：「吾知公長者。吾騎此馬五歲，所當無敵，嘗一日行千里，不忍殺之，以賜公。」乃令騎皆下馬步行，持短兵接戰。

——《史記．項羽本紀》

漢兵追到，雙方接戰，項羽一人獨殺漢兵數百人，自己也身受創傷十餘處。戰鬥之間，項羽一回頭，看見漢軍將領呂馬童，說：「你不是我的老朋友嗎？」呂馬童轉過頭去（不忍或不敢），手指項羽，對漢將王翳說：「他就是項王。」項羽說：「我聽說漢王懸賞買我的頭，賞千金、封萬戶。我就把腦袋送給你吧！」說完，揮劍自刎。

王翳割下項王頭顱，其他人一擁而上，為爭項羽遺體而互相蹂躪踐踏，數十人相殺。最後，楊喜、呂馬童、呂勝、楊武各搶得「一體」（含四肢之大體塊），因而五人皆封侯，封邑分成五份。

西楚王國最後投降的一個城市是魯城（今山東省曲阜縣，也就是孔子故鄉），劉邦乃以魯公名義為項羽下葬。下令保護項羽親屬，封項伯等四人為侯爵，並賜姓劉。（項伯有恩於劉邦，劉邦曾約為親家，既然賜姓劉，結親之事自然免議了）

「楚漢爭霸」至此落幕。

⑧檥：音「以」，同「艤」，將船靠到岸邊。

帝國永續

65、劉邦二奪韓信兵權

項羽死了，楚國滅了，劉邦在贏得決定性大勝之後，採取的第一個行動，不是清剿餘孽，而是……剝奪韓信兵權！

漢軍凱旋，漢王經過定陶時，突然闖進韓信大營，奪取印信，掌握韓信的部隊。這是劉邦第二次奪取韓信兵符與軍權了，韓信居然都甘願接受。只能說，劉邦真的是「吃定」了韓信。

韓信是楚人，所以劉邦改封韓信為楚王。楚王韓信就任，回到故鄉淮陰，召來當年濟助他吃飯的漂母，賞她千金；又召當年寄居吃白食的南昌亭長來，賞賜百錢，說：「閣下是個小人物，為德不卒（任由老婆欺負朋友）」；再召來當年要他從胯下爬過去的惡少，任命他擔任楚國的中尉（相當首都衛戍司令）。並對諸將說：「他算得上是一個壯士。當初他羞辱我時，我不是不能殺他。可是，殺一個無名小卒，稱不得英雄好漢，所以忍了下來，也才有今天。」

【原典精華】

信至國，召所從食漂母，賜千金。及下鄉南昌亭長，賜百錢，曰：「公，小人也，為德不卒。」召辱己之少年令出胯下者以為楚中尉。告諸將相曰：「此壯士也。方辱我時，我寧不能殺之邪？殺之無名，故忍而就於此①。」

——《史記．淮陰侯列傳》

諸侯一齊上書，恭請漢王當皇帝。劉邦原本執意（假意）謙讓，可是大臣們說：「大王若不即帝位，諸侯王對自己的地位就不敢放心。」於是在「三推三就」之後，劉邦接受了皇帝尊號，定都洛陽。

漢帝劉邦在洛陽南宮設宴款待群臣，說：「各位請直言無隱，為什麼我可以得到天

①就於此：有今天的成就。

下，而項羽為什麼失去天下？」

高起、王陵說：「陛下待人態度輕慢，項羽待人態度親和。可是，陛下派人攻城略地，成功後就將那個地方封給他，這是與天下英雄共同享有天下的態度；而項羽恰恰相反，有功勞的人被陷害、有能力的人受猜忌，打勝仗不記功勞，得土地不封將領，所以失了天下。」

劉邦說：「你們說的固然是重要原因，可是兩位只知其一，不知其二。事實上，在帳中擬訂謀略，而能在千里外取勝，我不如張良；鎮守後方、安撫百姓，供應前線軍糧始終不缺，我不如蕭何；聯合諸侯百萬大軍（雜牌軍），戰必勝、攻必取，我不如韓信。這三位都是人中豪傑，而我能夠用他們，這才是我得天下的最重要因素。而項羽呢？只有一位足智多謀的范增，卻還不能用。此所以他成了我的手下敗將。」

【原典精華】

高祖置酒雒陽②南宮。高祖曰：「列侯諸將無敢隱朕，皆言其情。吾所以有天下者何？項氏之所以失天下者何？」

高起、王陵對曰：「陛下慢而侮人，項羽仁而愛人。然陛下使人攻城略地，所降下③者因以予之，與天下同利也。項羽妒賢嫉能，有功者害之，賢者疑之，戰勝而不予人功，得地而不予人利，此所以失天下也。」

高祖曰：「公知其一，未知其二。夫運籌策帷帳之中，決勝於千里之外，吾不如子房。鎮國家，撫百姓，給餽饟，不絕糧道，吾不如蕭何。連百萬之軍，戰必勝，攻必取，吾不如韓信。此三者，皆人傑也，吾能用之，此吾所以取天下也。項羽有一范增而不能用，此其所以為我擒也。」

——《史記・高祖本紀》

張良的運籌帷幄功力最顯著的，是在彭城潰敗之後為劉邦畫策，推薦三位能夠獨當一面的大將：韓信、彭越、英布，果然最終成為垓下之圍的三路主力。劉邦稱帝後，韓信封楚王、彭越封梁王、英布封淮南王。

然而，曾經一度與楚漢都不結盟的齊王田橫，卻因此陷入恐慌。

②雒：同「洛」。
③降下：投降或攻下。

66、田橫與五百烈士

之前韓信擊潰已經鬆懈心防的齊國，齊王田廣被俘，田橫自立為齊王，號召齊人繼續抵抗，後被灌嬰擊敗，逃往梁國依附與田氏兄弟有老交情的彭越。及至彭越受漢帝劉邦封為梁王，田橫發現原本一向獨立的彭越已經歸屬漢帝國，他不願意投降劉邦，就帶了五百徒眾，逃到東方海島上。

漢帝劉邦聽說此事，認為田氏兄弟（田儋、田榮、田橫）長期據有齊地，當地的英雄豪傑都心向田氏兄弟，如今雖避居海島，卻擔心將來可能作亂，就派出使者到海島上，宣布赦免田橫一切罪狀，召他到洛陽。

田橫推辭，說：「我曾經烹殺陛下的使者酈食其，他的弟弟酈商現在漢帝國位居將軍，擔任衛尉（宮廷警衛司令）。我怕他報復，不敢奉詔前往洛陽。願為平民老百姓，長居海中。」

使者回報，劉邦下令酈商：「齊王田橫將要到來，不許動他一根汗毛，違令者夷全族！」

再派使者去，說明已經告誡酈商，並說：「田橫只要來，不是封王就是封侯；不來的話，發兵誅滅。」

田橫見時勢比人強，只好帶了兩名隨從前往洛陽。一行走到距洛陽三十里的驛站，田橫對使者說：「我們晉見天子，不能一副邋遢相，應該沐浴淨身再去。」於是在驛站停了下來。

田橫對兩名隨從說：「我當初跟漢王同樣南面稱孤，如今他當上天子，而我卻成了逃亡的俘虜，不得不向他稱臣，對我來說，這是難以忍受的恥辱。況且，之前殺了酈商的哥哥，如今跟他比肩為臣，即使他畏於天子之詔而不敢動我，我難道無愧於心嗎？再說，漢帝想要見我，不過想看看我長得什麼模樣而已。如今咱們距離洛陽才三十里路，砍下我的頭腦袋，快馬送到洛陽，尚不至於腐敗，面貌還可以辨識。」於是自殺，教隨從捧著他的頭顱，跟著使者馳入洛陽，向劉邦奏報。

劉邦見到田橫的頭顱，為之流淚，說：「唉，世間居然有這樣的人嗎？他們三兄弟自平民中崛起，三兄弟輪流為王，豈不是天下英雄嗎！」封兩位隨從為都尉，動員士卒二千人，以諸侯國君的禮儀規格葬田橫。

葬禮結束，兩位隨從在田橫墓旁各挖一洞，在裡頭自刎，追隨他到地下。

劉邦聞報大驚，心想田橫的部下都是死士，再派人去海島宣召他們前來洛陽。使者去到島上，五百人聽說田橫死訊，也一齊自殺。

【原典精華】

田橫因謝曰：「臣亨①陛下之使酈生②，今聞其弟酈商為漢將而賢，臣恐懼，不敢奉詔，請為庶人，守海島中。」使還報，高皇帝乃詔衛尉酈商曰：「齊王田橫即至，人馬從者敢動搖者致族夷！」

……

（田橫）謂其客曰：「橫始與漢王俱南面稱孤，今漢王為天子，而橫乃為亡虜而北面事之，其恥固已甚矣。且吾亨人之兄，與其弟并③肩而事其主，縱彼畏天子之詔，不敢動我，我獨不愧於心乎？且陛下所以欲見我者，不過欲一見吾面貌耳。今陛下在洛陽，今斬吾頭，馳三十里閒④，形容尚未能敗，猶可觀也。」遂自剄，令客奉其頭，從使者馳奏之高帝。

……

既葬，二客穿其塚旁孔，皆自剄，下從之。高帝聞之，乃大驚，大⑤田橫之客皆賢。吾聞其餘尚五百人在海中，使使召之。至則聞田橫死，亦皆自殺。

——《史記．田儋列傳》

田橫的門人在他死後，為他做了一首哀歌〈薤露〉，意思是人命如韭菜上的露水，日出而滅。這首哀歌後來經漢代音樂家李延年譜成二曲〈薤露〉、〈蒿里〉，由送葬的輓者歌唱，是輓歌的嚆矢。

①亨：同「烹」，借用字。
②酈生：指酈食其。
③并：同「並」。
④閒：通「間」。
⑤大：推崇。

67、季布

田橫擔心舊仇而不敢投降，他有可能是錯了。因為，有一位得罪劉邦本人的楚將，不但沒事，還加官進爵。

這個人名叫季布，在楚漢滎陽對峙期間，數度到前線罵陣。且看《敦煌變文》中的描述：

【原典精華】

季布既蒙王許罵，意似獰龍擬吐雲。

……

遙望漢王招手罵，發言可以動乾坤。

高聲直噉①呼劉季：公是徐州豐縣人。
母解緝麻②居村墅，父能放牧住鄉村。
公曾泗水為亭長，久於闤闠③受飢貧。
因接秦家離亂後，自號為王假亂真。
鸖鳥如何披鳳翼？黿龜爭④取掛龍鱗！
百戰百輸天不佑，士卒三分折二分。
何不草繩而⑤自縛，歸降我王乞寬恩。
更若執迷誇鬪戰，活捉生擒放沒因。
……

——《敦煌變文．捉季布傳文》

①噉：同「啖」，咬。
②解：會。緝麻：搓麻繩。
③闤：音「環」，市場的圍牆。闠：音「惠」，市場的大門。久于闤闠意指劉邦為市井小民。
④爭：怎。
⑤而：通「爾」。

簡單說，劉邦堅壁不出，項羽派季布罵陣。季布把劉邦的父母親都「問候」了，還譏笑劉邦「百戰百輸」，不如「草繩自縛」乞降算了。變文是說書人的文學描述，實際罵陣想必更加口不擇言，可以想見劉邦肯定恨死了季布。

項羽自殺，楚國滅亡。漢高祖劉邦懸賞千金要買季布人頭，下令若有藏匿季布者，罪及三族。

季布年輕時任俠仗義，有不少生死之交，其中一位是濮陽周氏。季布趁夜翻牆進入周氏庭院，在堂下花影中發聲：「我是閣下舊識，趁夜來致送千金。」

周氏說：「送我千金？我有何恩於你？不必兜圈子了，你究竟是誰？夜靜無人，但說無妨。」

季布說：「切莫驚動四鄰，也不必說姓名，在下就是去年罵陣那個人。」

周氏當即知道來人是季布，下階迎接季布上堂。從此，季布藏在周氏家中。

然而，外頭風聲甚緊，周氏乃與季布商量，定下計劃，找當時的魯中大俠朱家幫忙。

季布剃去頭髮、戴上頸箍，穿上粗布衣服，安置在喪車中。連同周氏家中數十僮僕，一齊賣給朱家。

周氏私下讓朱家知道那人是季布，朱家買下後安排他到田裡工作，同時告誡兒子：

「田間的事，任憑這奴僕想做不做，吃飯時一定要與你一同。」

然後，朱家輕車簡從到了洛陽，透過關係見到汝陰侯夏侯嬰，在侯爺府上盤桓數日。然後揀了一個輕鬆場合，問夏侯嬰：「季布犯了什麼大罪，皇帝要如此緊急緝拿他？」

夏侯嬰說：「季布好幾次為項羽罵陣，皇帝恨死他了，所以非捉拿到他才甘心。」

朱家問：「閣下認為季布是個怎樣的角色？」

夏侯嬰：「稱得上是個人才。」

朱家說：「臣子都是各為其主。季布為項籍所用，幹什麼都是執行命令而已。項氏的臣子難道要殺光嗎？皇帝才剛剛得到天下，就因為自己的私怨大舉緝拿一個匹夫，豈不是讓天下人看見他器量不夠寬宏嗎？況且，以季布的才能，受到如此緊急通緝，他不是往北投靠胡人，就是往南投靠越人。好好的將一個英雄人物逼去敵國，伍子胥將楚平王鞭屍就是前車之鑑啊！閣下何不選個時機，跟皇帝溝通一下？」

【原典精華】

朱家曰：「臣各為其主用，季布為項籍用，職耳。項氏臣可盡誅邪？今上始得天下，獨以己之私怨求一人，何示天下之不廣也！且以季布之賢而漢求之急如此，此不北走胡即南走越耳。夫忌壯士以資敵國，此伍子胥所以鞭荊平王⑥之墓也。君何不從容為上言邪？」

——《史記．季布欒布列傳》

夏侯嬰知道朱家是民間大俠，應該就是他將季布藏匿起來了。可是他講得的確有道理，因此答應了朱家。過了一段時間，揀了個時機，將朱家這一番道理，說給劉邦聽。劉邦不愧為開國皇帝，聞言即下詔赦免季布。

季布到洛陽謝恩，劉邦召見他，封他做郎中之官，後來擔任河東太守。

季布為人豪爽，答應的事情一定做到。楚人有諺語：得黃金百斤，不如得季布一諾。且由於季布的腦袋曾經價值千金，後世乃有「一諾千金」的成語。

季布有個舅舅丁公，曾經也是項羽帳下將領。彭城之役漢軍大敗，漢王劉邦被丁公追逐，情勢危急，回頭對丁公說：「咱倆都是英雄好漢，何必苦苦逼迫？」丁公乃不再追趕。

等到項羽滅亡，丁公謁見劉邦，以為可以得到封賞。劉邦卻將他綁起來，在軍營中巡迴示眾，說：「這傢伙不忠於項王，是害項王失去天下的罪人。」

然後下令斬首，說：「讓將來做人臣子的，不敢再效法丁公！」

【原典精華】

布母弟丁公，亦為項羽將，逐窘帝彭城西。短兵接，帝急，顧謂丁公曰：「兩賢豈相戹⑦哉！」丁公引兵而還。

及項王滅，丁公謁見。帝以丁公徇⑧軍中，曰：「丁公為項王臣不忠，使項王失天下者也。」遂斬之，曰：「使後為人臣無傚丁公也！」

——《資治通鑑．漢紀三》

⑥荊平王：楚國又稱荊國，荊平王就是楚平王。春秋時，楚平王殺伍子胥的父親和哥哥，伍子胥逃往吳國，輔佐吳王闔閭攻進楚國郢都，鞭楚平王屍。

⑦戹：音「厄」，同義。

⑧徇：同「巡」。

68、婁敬

齊國人婁敬，一個平民，被徵兵前往隴西，路過洛陽，看見同鄉虞將軍，掙脫身上拉車的繩索，穿著羊裘，上前相認，說有高明策略要獻給皇上。

虞將軍答應為他引見，要幫他換上體面一點的衣服。婁敬說：「我若穿得起綢緞，就穿綢緞見；我只穿得起羊裘，就穿羊裘見。不必換衣服。」

虞將軍為他引見皇帝。婁敬開門見山，說：「陛下建都洛陽，此地是周王舊都，莫非想跟周王朝相比，看能不能立國更久，國勢更昌隆嗎？」

劉邦說：「當然囉！」

婁敬說：「陛下取得天下，與周王朝不同。周王歷代祖先，自后稷到周文王、周武王，歷經十餘代經營，諸侯才歸附，乃能推翻商王朝，當上天子。之後成王即位、周公當宰相，才興建洛陽城。當時洛陽是天下的地理中心，各路諸侯來朝距離差不多。所以，當周王室強大的時候，四夷賓服，不生問題；等到周王室衰微，諸侯都不來朝，王室也無力控制。這不僅是統治者失德，也是形勢使然。

「如今，陛下崛起豐、沛，席捲蜀、漢，平定三秦，與項羽在滎陽、成皋之間纏戰多年，天下人民為之肝腦塗地，父兄的骨骸暴露荒野者不計其數。老百姓哭泣之聲未停，受傷的士卒尚未能起床，大環境跟『成康之治』比，大不相同。

「而故秦國土地有山河之險、關隘之固，沃野千里，正所謂『天府之國』，我鄭重建議陛下建都關中。即使山東（太行山以東）大亂，關中仍可保全，且有能力在短時間內徵召百萬大軍。

「重點在於，跟人搏鬥，若不能扼住對方咽喉，不能攻擊他的後背，就不能得到完全的勝利。陛下如果進入關中，在那裡建都，據守故秦國土地，這正是扼住天下咽喉，且攻擊天下的後背啊！」

【原典精華】

婁敬脫輓輅①，衣其羊裘，見齊人虞將軍曰：「臣願見上言便事②。」虞將軍欲與之鮮衣③，婁敬曰：「臣衣帛④，衣帛見；衣褐④，衣褐見：終不敢易衣。」

……

婁敬曰：「……夫與人鬪，不搤其亢⑤，拊⑥其背，未能全其勝也。今陛下入關而都，案秦之故地，此亦搤天下之亢而拊其背也。」

——《史記．劉敬叔孫通列傳》

漢帝劉邦將婁敬的建議交付朝臣討論，大臣多半是山東（太行山以東）人，當然不願意去關中，大多表示：「周王朝歷時數百年，秦帝國只傳了兩代就滅亡，對比之下，洛陽的風水好多了。就地緣政治而言，洛陽東有成皋（虎牢關），西有崤山、澠池，北有黃河，南有伊水、洛水，也是足以固守的地方。」

劉邦再問張良，張良說：「洛陽雖然有這些優點，可是腹地太小，只有幾百平方里，田地貧瘠（農產少），且四面受敵，國防上不是很理想。關中則不然，左（帝王南面為正，左在東邊）有崤山、函谷關，右有隴山、蜀山，沃野千里，腹地廣、物產豐。南有巴蜀的農產，北有胡地的畜產。北方、西方、南方三面都沒有威脅，只要面向東方控制天下諸侯即可。如果諸侯安定，利用黃河、渭水將天下物資輸送京師；萬一諸侯有變，朝廷軍隊東向征剿，糧秣可以順流東下，沒有運輸問題。這正所謂『金城千里，天府之國』，婁敬所言是國家可長可久之計。」

劉邦聽完，當天就下令移駕關中，建都咸陽，改名長安——希望國家長治久安。

【原典精華】

左右大臣皆山東人，多勸上都雒陽：「雒陽東有成皋，西有殽黽，倍河，向伊雒，其固亦足恃。」留侯曰：「雒陽雖有此固，其中小，不過數百里，田地薄，四面受敵，此非用武之國也。夫關中左殽函，右隴蜀，沃野千里，南有巴蜀之饒，北有胡苑之利，阻三面而守，獨以一面東制諸侯。諸侯安定，河渭漕輓⑦天下，西給京師；

①輓輅：拉車的繩索。
②便事：有利之事。
③鮮衣：漂亮的衣服。
④帛：綢緞。褐：粗布。
⑤搤：音「扼」，同義。亢：喉嚨。
⑥拊：音「府」，拍、打，引申為「攻擊」。
⑦輓：同「挽」，拉。

諸侯有變，順流而下，足以委輸。此所謂金城千里，天府之國也，劉敬⑧說是也。」於是高帝即日駕，西都關中。

——《史記．留侯世家》

⑧劉敬：劉邦賜姓婁敬「劉」，故《史記》稱他劉敬。

69、張良辟穀

劉邦遷都咸陽，並將首都更名為長安，這是對帝國永續經營的心態顯現。老大的心態一旦由打天下轉變為保天下，自老二以下就得小心了。大多數當初跟老大一塊兒起義的革命老弟兄都很難理解箇中的危險性，但是絕不包括張良。

張良隨劉邦入關定都長安之後，就開始學打坐、練氣，不食五穀，深居簡出且不見客。說：「我們張家世代擔任韓國宰相，韓國滅亡之後，我變賣家產超過萬金，暗殺秦始皇，造成天下震動。如今以短短三寸之舌的功勞，成為帝王的師傅，受封萬戶侯，這是一個平民百姓所能達到的極致了，我已經十分滿足。因此我不再追求人間功業，要追隨赤松子求道去了。」

【原典精華】

張良素多病，從上入關，即道引①，不食穀，杜門②不出，曰：「家世相韓；及韓滅，不愛萬金之資，為韓報讎強秦，天下振動。今以三寸舌為帝者師，封萬戶侯③，此布衣之極，於良足矣。願棄人間事，欲從赤松子游④耳。」

——《資治通鑑．漢紀三》

赤松子是道家傳說中的上古神仙，在神農氏時代擔任雨師，也就是向上天祈雨的巫師，故傳說他能「入火不燒」。

相傳黃帝曾向赤松子請教養生之術，而赤松子可以隔數百年出現人間，面貌仍不老。

張良所謂「從赤松子游」，字面意思是追求長生之術。實質意義則是宣布「不再過問人間俗事」，這是他明哲保身的招數，讓他免於「誅殺功臣」之列。

「明哲保身」是司馬光給張良的評語。司馬光說：以張良的智慧，肯定明白，神仙之事皆屬虛構。但是他仍然宣稱要追隨赤松子，顯示他有先見之明。

①道引：打坐、導引周身真氣。
②杜：堵。杜門：關起門來。
③張良封留侯。
④游：學。

70、兔死狗烹

有人向皇帝告密：「楚王韓信謀反。」史書上沒有記載告密的是什麼人，易言之，很可能是一項匿名檢舉。

在此之前，楚將鍾離眛逃回老家，剛好韓信改封楚王，而鍾離眛跟韓信是舊識，於是投奔韓信。劉邦聽說鍾離眛逃亡在楚，正式下詔，要楚國逮捕鍾離眛。

楚王韓信沒有認真執行這項命令，且由於兩度被劉邦剝奪兵權，到楚國就任以後，出宮總是戒備森嚴。

基於這些原因，劉邦選擇相信匿名檢舉，並徵詢諸將意見「如何因應」。諸將一個個慷慨激昂發言：「立即出兵誅殺那小子。」

劉邦對這些夸夸大言毫無信心，沈默不語。轉頭問陳平看法如何。

陳平先不表示意見，問：「諸將怎麼說？」

劉邦：「諸將都說要發兵攻打。」

陳平：「有人告發韓信謀反，韓信知不知道？」

劉邦：「他不知道。」

陳平：「陛下能掌握的精兵，比楚國軍隊如何？」

劉邦：「恐怕不如。」

陳平：「陛下將領中，指揮大軍作戰的能力，有沒有人超過韓信？」

劉邦：「恐怕沒有。」

陳平：「軍隊不如楚兵精銳，將領不如韓信善戰，若出動大軍，豈不是逼他興兵對抗？」

劉邦：「那該怎麼才好。」

陳平：「古代天子經常到各地巡察，並藉此機會與諸侯國君會晤。建議陛下宣稱前往雲夢大澤（今湖北省古時多沼澤）巡狩，並在陳縣（當初陳勝的都城）接見諸侯。陳縣在楚國境內，韓信會放鬆戒心，以為天子只是例行出外巡遊，又在自己勢力範圍內，不會防備。到時候他來進謁，不過一個武士的力量，就可以逮捕他。」這又是陳平的妙計，毋須動員大軍，也不必發動戰爭。

【原典精華】

平曰：「古者天子巡狩，會諸侯。南方有雲夢，陛下弟出偽游雲夢，會諸侯於陳。陳，楚之西界，信聞天子以好①出游，其勢必無事而郊迎謁。謁，而陛下因禽②之，此特一力士之事耳。」

——《史記．陳丞相世家》

劉邦採用陳平的計謀，宣稱天子到雲夢巡狩，約諸侯到陳縣會合。

韓信原本已經心裡有鬼，劉邦這個動作乃對他構成極大壓力。一個念頭是舉兵造反，可是又自認無罪，沒有造反必要。另一個念頭是去雲夢見劉邦，卻又擔心被扣押。

有謀士建議：「將鍾離眛斬了，皇帝一高興，大王就安了。」

韓信於是請鍾離眛來商量，「借閣下項上人頭一用」。

①好：喜好，此處作「休閒」解。
②禽：同「擒」。

鍾離昧搞清楚韓信的意思後，說：「漢帝之所以不敢攻楚，就是因為我在的緣故。如今你為了諂媚漢帝而殺我，今天我死了，閣下也將隨之滅亡。」加罵一句：「你不是個君子。」然後就自殺了。

韓信帶著鍾離昧的頭顱當伴手禮去見劉邦。劉邦下令將韓信逮捕，綁起來押回長安。

韓信說：「果然應了俗話說的：『狡兔死，走狗烹；高鳥盡，良弓藏；敵國破，謀臣亡』。天下已經平定，我活該被烹！」

韓信被押回長安，改封淮陰侯，並未治罪。

有一次，劉邦與韓信討論諸將的能力，韓信一一分析。

劉邦突然問：「那我能指揮多少軍隊？」

韓信說：「陛下直接指揮軍隊作戰，不過十萬人，再多就不行了。」

劉邦問：「那你呢？」

韓信說：「我的話，多多益善。」

劉邦笑著說：「你那麼會帶兵，為何卻被我所擒？」

韓信：「陛下不適合直接指揮軍隊，可是陛下很會指揮將領，所以我被你所擒。而且陛下這方面的能力，是上天授予的（張良說過這話），不是人力可以及得。」

【原典精華】

信曰：「果若人言，『狡兔死，良狗亨①；高鳥盡，良弓藏；敵國破，謀臣亡。』天下已定，我固當亨①！」

……

上問曰：「如我能將②幾何？」

信曰：「陛下不過能將十萬。」

上曰：「於君何如？」

曰：「臣多多而益善耳。」

上笑曰：「多多益善，何為為我禽③？」

信曰：「陛下不能將兵，而善將將④，此乃信之所以為陛下禽也。且陛下所謂天授，非人力也。」

——《史記．淮陰侯列傳》

韓信與劉邦做完這次對話之後，他才發現，他「獲罪」的原因其實不是謀反，而是劉邦對他的軍事才能深為忌憚。於是他稱病不朝，以為這樣就可以免去殺身之禍。

①亨：同「烹」。
②將：指揮。將幾何：擔任將領可以指揮多大部隊。
③禽：同「擒」。
④後一「將」字為名詞，指將領。

71、走狗論

漢帝劉邦「沒收」楚國是一石二鳥：拔掉了心頭隱憂韓信的兵權，同時增加了一大片土地，可以拿來封賞諸將。

事實上，劉邦當上了皇帝，韓信、英布、彭越等封了王，可是漢軍其他有功將領卻遲遲未有封賞。原因之一是，有功將領數目很多，沒那麼多土地可以分；另一個原因是，處理功臣可比處理敵人難多了（處理敵人只有「殺與赦」二種處理方式）。

處理功臣難在哪裡？難在個個都是陪你出生入死的兄弟，每個人都打過一些戰役，你說哪一場戰役最重要？哪一個人在戰役中的角色最重要？這些都是有功將領們爭功時的話題焦點。

可是大老闆的思考不一樣，大老闆想的是：天下拚死打來了，但帝國得向前走——大老闆沒空回頭看，他得向前看。所以，誰封最多、最大、最高，伙計考量的是之前誰出力較多、功勞較大，老闆考量的卻是往後發展「誰比較有用」。

劉邦在諸將爭功，一年多沒有定論之後，基於老闆思考，終於批示了第一名：蕭何封酇侯，食邑最多。這一方面是考慮往後行政需要，另一方面，以文官排名第一，解決了武將「誰功勞較大」的爭執，但卻又引起了武將對文官的不滿。

一堆有功將領開始七嘴八舌：「我們這些兄弟個個身經百戰，少的也參與數十戰，攻城略地各有功勞。蕭何不曾有一丁點兒汗馬功勞，只做了一些文書工作。一個沒有戰功的人，反而封賞比我們多，是何理由？」

劉邦問諸將：「各位懂得打獵吧？」

諸將答：「懂啊。」

「知道什麼是獵狗吧？」

「知道。」

劉邦訓話了：「打獵的時候，追殺野獸、兔子的是獵狗，可是發現獸蹤、指示方位的是人。各位都曾獵得走獸，但不過是有功的獵狗罷了。但蕭何卻是指示方位的有功之人。而且諸位多半是一個人追隨我，最多不過兄弟二、三人一同前來，而蕭何全家數十人都來追隨我，這個功勞不可忘記。」

有功將領一下子被比喻為「狗」，頓時個個啞口無言。

封侯完畢，還要排位次。這一次武將搶發言：「平陽侯曹參身上有七十二處創傷，功勞最多，應該排第一。」

劉邦心裡仍然想要將蕭何排第一，可是被諸將搶白，一時無以反駁。這時，關內侯鄂千秋看出皇帝心意，發言表示：「諸位的理論不能成立。曹參雖然戰功第一，但每次戰役卻只是一時之功。我軍與楚軍拉鋸戰五年，蕭何不斷的從關中補給兵源、糧秣，從來不需要皇上下詔，總能供應無缺。而即使陛下好幾次在山東大敗，蕭何仍然穩住關中，支援前線，這可是萬世之功。漢帝國即使沒有一百個曹參，仍能保全，卻不能沒有一個蕭何。怎麼可以拿一日之功凌駕萬世之功呢？我主張：蕭何第一、曹參第二。」

劉邦聞言大喜，當場敲定蕭何列位第一。並且說：「我聽人說，推薦賢才的人應該受到最高獎賞。」一封鄂千秋為安平侯，比原先封賞再加二千戶食邑。

【原典精華】

群臣爭功，歲餘功不決。高祖以蕭何功最盛，封為酇侯，所食邑多。

功臣皆曰：「臣等身被①堅執銳，多者百餘戰，少者數十合，攻城略地，大小各有差。今蕭何未嘗有汗馬之勞，徒持文墨議論，不戰，顧②反居臣等上，何也？」

高帝曰：「諸君知獵乎？」曰：「知之。」

「知獵狗乎？」曰：「知之。」

高帝曰：「夫獵，追殺獸兔者狗也，而發蹤指示獸處者人也。今諸君徒能得走獸耳，功狗也。至如蕭何，發蹤指示，功人也。且諸君獨以身隨我，多者兩三人。今蕭何舉宗③數十人皆隨我，功不可忘也。」

群臣皆莫敢言。

……

關內侯鄂君④進曰：「群臣議皆誤。夫曹參雖有野戰略地之功，此特一時之事。夫上與楚相距五歲，常失軍亡眾，逃身遁者數矣。然蕭何常從關中遣軍補其處，非上所詔令召，而數萬眾會上之乏絕者數矣。夫漢與楚相守滎陽數年，軍無見糧⑤，蕭何轉漕關中，給食不乏。陛下雖數亡山東，蕭何常全⑥關中以待陛下，此萬世之功也。今雖亡曹參等百數，何缺於漢？漢得之不必待以全。奈何欲以一旦之功而加萬世之功哉！蕭何第一，曹參次之。」

——《史記．蕭相國世家》

韓信說自己是「狡兔死，走狗烹」。有意思的是，劉邦真的將手下將領比方為「走狗」，而諸將也甘於俯首聽命。

蕭何是劉邦喜歡的，所以排第一名。可是劉邦最不喜歡的，也排名在前，那是怎麼回事？

①被：同「披」，借用字。
②顧：竟然。
③舉：動員。宗：族人。
④關內侯：沒有封邑，只有爵祿的侯爵。鄂千秋後來加封安平侯，乃有了封邑。
⑤見：現。見糧：現成糧草，如「現鈔」用法。
⑥全：保全、穩定。

72、雍齒

漢帝劉邦大封功臣，第一梯次封了二十餘人。其他有功將領，日夜爭論各自的功勞大小，使得封賞的進度遲滯。

劉邦在洛陽南宮的高架道上，望見諸將三五成群，經常在洛水沙灘上相聚談話。

劉邦問張良：「他們都在談些什麼？」

張良說：「陛下不知道嗎？他們在謀反哪！」

劉邦：「天下已經安定，還反什麼？」

張良：「陛下由一個布衣起家，靠這些人打天下。如今陛下貴為天子，封賞的都是蕭何、曹參等老幹部和最親信的將領，誅殺的都是你的仇人。而軍中辦公人員統計諸將功勞的結果，全天下土地都封出去也不夠。所以諸將擔心得不到陛下的封賞，更害怕哪一天陛下會記起他們過去犯的錯誤而被誅殺。因此經常相聚謀反。」

劉邦聞言擔憂，問：「那該怎麼辦？」

張良：「諸將之中，皇上生平最憎恨、厭惡，且為大家所知道的，是哪一位？」

劉邦：「雍齒。他是沛縣老革命，卻多次讓我下不了台。我一直都想殺他，可是他建立的功勞還真不少，所以不忍心殺他。」

算一下雍齒與劉邦的老帳：

沛縣初起兵時，秦國泗川郡監名叫「平」，帶兵攻擊沛公，劉邦在豐邑將他擊敗，自己領兵追擊，留下雍齒駐守豐邑。

同時間，張楚王陳勝派周市攻掠故魏國土地，周市自封魏王，到豐、沛一帶招兵，雍齒連城帶兵一同投靠周市。劉邦火了，回軍攻打雍齒，卻不能取勝。

劉邦與張良加入項梁軍，項梁撥五千軍隊給沛公指揮，沛公再攻豐邑，城陷，雍齒逃奔魏王（魏咎）。

楚漢爭霸時期，魏王（魏豹）加入漢軍一方，雍齒又回到漢王劉邦麾下，成為漢軍將領，立下不少功勞。劉邦對這位小同鄉、老革命既痛恨卻又不忍殺他。

劉邦提到雍齒，張良立刻建議：「那就趕快先封雍齒，諸將看見雍齒得封，人心就安定了。」

於是皇帝擺下宴席，請諸將喝酒，即席封雍齒為什方侯。同時下詔催促丞相、御史加速封賞作業。宴飲散場，諸將個個放心、歡喜的說：「連雍齒都封了侯，我們還擔心什麼？」

【原典精華】

上已封大功臣二十餘人，其餘日夜爭功不決，未得行封。上在雒①陽南宮，從復道望見諸將往往相與坐沙中語。

上曰：「此何語？」

留侯曰：「陛下不知乎？此謀反耳。」

上曰：「天下屬安定，何故反乎？」

留侯曰：「陛下起布衣，以此屬②取天下，今陛下為天子，而所封皆蕭、曹故人所親愛，而所誅者皆生平所仇怨。今軍吏計功，以天下不足遍封，此屬畏陛下不能盡封，恐又見疑平生過失及誅，故即相聚謀反耳。」

上乃憂曰：「為之奈何？」

留侯曰：「上平生所憎，群臣所共知，誰最甚者？」

上曰：「雍齒與我故，數嘗窘辱我。我欲殺之，為其功多，故不忍。」

留侯曰：「今急先封雍齒以示群臣，群臣見雍齒封，則人人自堅矣。」

於是上乃置酒，封雍齒為什方侯，而急趣③丞相、御史定功行封。群臣罷酒，皆喜曰：「雍齒尚為侯，我屬②無患矣。」

——《史記．留侯世家》

為了帝國可長可久，有功諸將必須封侯，軍心乃能安定。可是封了侯卻不保證他們不再恃功而驕，那怎麼辦？

①雒：同「洛」。

②屬：同類。此屬：此輩，這些人。我屬：我等。

③趣：讀音「促」，同義。

73、陸賈

最先提醒劉邦「槍桿子底下出政權」那一套已經不能再用的那個人，名叫陸賈。

陸賈是劉邦手下一位辯士，他最大的功績是遊說南越王歸順漢帝國。

秦失其鹿時，南海郡（今廣東省，郡治番禺〔今廣州市〕）郡尉（尉：郡縣的治安首長）任囂病重，將「大事」託付龍川（今廣東省龍川縣）縣令趙佗。任囂死後，趙佗誅殺秦政府官員，出兵占領桂林郡（今廣西省）、象郡（今越南北部，郡治在今河內市），然後派兵阻塞五嶺要隘，自稱南越武王。

劉邦打敗項羽之後，派陸賈帶著印信去封趙佗為南越王——對劉邦而言，只要南越象徵性接受封賞即可；但對趙佗而言，漢帝封他為國王是多此一舉。

所以，當陸賈到達時，趙佗的態度極為傲慢，箕距（兩腳伸開，如畚箕般坐姿）在床上接見陸賈。

陸賈曉以大義，說：「天子授你王印與符節，你應該恭敬接受，北面稱臣，那就一切如常。如果你倔強到底，漢帝國只好派出大軍，到時候兵連禍結，你的部下要殺你投降，可易如反掌。」

趙佗頓時醒悟，從床上跳起來，規規矩矩坐好，為方才的不雅坐姿向陸賈致歉：「我在蠻夷地待久了，忘了中國禮儀。」

然後趙佗問陸賈：「我跟蕭何、曹參、韓信比較，誰比較優秀。」

陸賈的任務是敦睦邦交，因此說：「大王可能比他們還更優秀。」

趙佗又問：「那我跟皇帝比較呢？」

趙佗白目，可是陸賈卻不能退讓，說：「皇帝自豐、沛起義，消滅暴虐的秦國，擊敗強盛的楚國，為天下興利除暴，這可是繼承五帝三王的偉大功業。中國的人口以億計，土地有萬里見方，而且占有天下最富饒的地方。而大王的軍隊了不起只有數十萬，領土不是崎嶇山地，就是海濱水涯，人民多半是未開化的蠻夷，實力不過漢帝國的一個郡而已，怎麼能夠相比？」

趙佗大笑說：「可惜我不是在中國崛起，所以才在這裡稱王。如果我能在中國參與逐鹿大賽，怎知道我不如漢帝？」

無論如何，陸賈讓趙佗接受了漢帝國的封王，向漢貢獻萬金重禮。劉邦大為高興，擢升陸賈為太中大夫。

陸賈時常在皇帝面前談論《詩經》、《書經》，劉邦對此大不耐煩，開罵：「你老子在馬上打來的天下，《詩》、《書》有個屁用？」

陸賈說：「馬上得來的天下，難道可以騎在馬上治理嗎？商湯與周武王都是以武力革命成功，但他們皆以仁義施政，才得國祚綿延數百年。文武必須並用，才是長治久安之道。從前夫差和智伯因為只偏重武力而滅亡，秦朝以高壓統治而亡於趙高。假如當年秦始皇得天下之後，施行仁義，效法先聖（指三皇五帝），陛下又哪有機會呢？」

劉邦聽了，臉色很不好，可是心裡知道陸賈的道理是對的。就對陸賈說：「你將秦帝國何以失去天下，我之所以成功，以及古時候國家興亡的故事，寫來給我看。」

【原典精華】

於是尉他①乃蹶然②起坐，謝陸生曰：「居蠻夷中久，殊失禮義。」因問陸生曰：「我孰與蕭何、曹參、韓信賢？」

陸生曰：「王似賢。」

復曰：「我孰與皇帝賢？」

陸生曰：「皇帝起豐沛，討暴秦，誅彊③楚，為天下興利除害，繼五帝三王之業，統理中國。中國之人以億計，地方萬里，居天下之膏腴④，人眾車轝⑤，萬物殷富，政由一家，自天地剖泮未始有也。今王眾不過數十萬，皆蠻夷，崎嶇山海閒⑥，譬若漢一郡，王何乃比於漢！」

尉他大笑曰：「吾不起中國，故王此。使我居中國，何渠⑦不若漢？」

……

陸生時時前說稱詩書。高帝罵之曰：「乃公⑧居馬上而得之，安事詩書！」

①他：破音字讀「拖」，司馬遷為避諱而稱趙佗為趙他。尉他：以漢帝國立場，仍稱趙佗為郡尉。
②蹶然：受驚的樣子。
③彊：強。
④膏腴：肥美。
⑤轝：同「輿」，眾多。
⑥閒：間。
⑦渠：知。
⑧乃公：你老子。

陸生曰：「居馬上得之，寧可以馬上治之乎？且湯武逆取而以順守之，文武并用，長久之術也。昔者吳王夫差、智伯極武而亡⑨；秦任刑法不變，卒滅趙氏。鄉使秦已并天下，行仁義，法先聖，陛下安得而有之？」

高帝不懌⑩而有慚色，乃謂陸生曰：「試為我著秦所以失天下，吾所以得之者何，及古成敗之國。」

——《史記．酈生陸賈列傳》

陸賈寫成了十二篇，呈閱並講解，集成一書《新語》。但是這本書並沒有流傳下來，如今傳世的版本，懷疑是後人的偽作。可是他那句「馬上得之，不能以馬上治之」卻流傳至今，成為至理名言。

⑨春秋時吳王夫差窮兵爭霸，滅於越國；晉國大夫智伯以武力欺壓韓趙魏，被三家聯合消滅。

⑩不懌：不高興。

74、叔孫通

劉邦明白了「馬上得天下，不能以馬上治之」，也深為驕兵悍將無以規範為慮，為他解決這個問題的人是叔孫通。

叔孫通是秦、漢之間最「靈活」的一位儒家學者，《史記》上記載他曾服事過七個主子：秦始皇、秦二世、陳勝、項梁、楚懷王、項羽、劉邦，堪稱「跳槽狀元」。

秦始皇時，叔孫通因學問好而被徵召為待詔博士（博士次一級），秦二世時，陳勝揭竿起義，消息傳到咸陽，二世召集博士們徵詢意見，叔孫通發言迎合秦二世而免禍，那一段已經在第十一章述及。

簡單說，叔孫通不是馬屁精，也不是死腦筋。眼看秦帝國敗相已現，他逃出咸陽，投奔陳勝；陳勝亡，追隨項梁；項梁敗死，他留在彭城為楚懷王服務；項羽將義帝流放到長沙，叔孫通留在彭城服事西楚霸王；漢王劉邦攻入彭城，他又轉投漢王，並追隨漢王（敗）

回關中。

叔孫通降漢，有一百多位儒生、弟子追隨他，可是叔孫通從來不向劉邦推薦這些人，反而偶爾還會推薦一些武勇之士，甚至推薦過盜賊。弟子對此非常不滿，向他提出抱怨。他對弟子說：「漢王正冒矢石爭天下，你們這些書生此時能貢獻什麼？且耐心等待。」

漢王得天下之後，諸將爭功，有些場面還真不像樣：喝酒醉，大呼亂叫，在金鑾寶殿上拔劍砍柱子……，漢帝劉邦愈來愈無法忍受。

這正是叔孫通「耐心等候」已久的機會，他對劉邦說：「儒者對打天下或許無用，可是用儒家學說來守成卻很有用。我願去魯國徵召那邊的學者，與我的弟子一同制訂朝儀。」

劉邦本人是無產階級出身，很不喜歡繁文縟節，問：「不會很困難吧？」

叔孫通努力說服了皇帝。劉邦最終同意：「那你就試試看，要考慮我做得到。」

於是叔孫通去到故魯國地方，徵得懂得儒家禮儀的學者三十多人。有兩人不願同行，批評叔孫通：「你曾經服事十個主子，都是靠當面說好話博取高位。如今天下剛剛安定，死者未安葬，傷者未起身，你又想要搞禮樂典章。要知道，禮樂之興，得有百年積德才行，我不願意與你同流。你的作為不合傳統，我不去。你走吧，別污染我！」

叔孫通笑著說：「你們可真是頑固啊！不曉得時代不一樣了。」

叔孫通帶著三十位儒者西行入關，加上皇帝左右侍臣與自己的弟子，在城外搭帳篷演練。一個多月後，叔孫通恭請皇帝試觀，劉邦也試著配合這些禮儀動作，然後說：「可以，我可以做這些動作。」

於是下令群臣學習。等到長樂宮落成，諸侯、百官都學會了，翌年元旦清晨，諸王侯來朝，文武百官列隊上朝，各自站定位之後，才傳臚「皇上駕到」，然後依序進行儀式。過程中，沒有一個人敢大聲喧譁，更不敢舉止粗魯，有行為不合規定者，立即逐出金殿。

於是劉邦大樂，說：「到今天我才曉得當皇帝如此過癮！」當年在驪山只看到秦始皇儀仗威風，今天才領略真正滋味。

【原典精華】

群臣飲酒爭功，醉或妄呼，拔劍擊柱，高帝患之。叔孫通知上益⑦厭之也，說上曰：「夫儒者難與進取⑧，可與守成⑨。臣願徵魯諸生，與臣弟子共起朝儀。」高帝曰：……「可試為之，令易知，度吾所能行為之。」

……

魯有兩生不肯行，曰：「公所事者且十主，皆面諛以得親貴。今天下初定，死者未葬，傷者未起，又欲起禮樂。禮樂所由起，積德百年而後可興也。吾不忍為公所為。公所為不合古，吾不行。公往矣，無污我！」叔孫通笑曰：「若真鄙儒也，不知時變。」

……

於是高帝曰：「吾乃今日知為皇帝之貴也。」

——《史記．劉敬叔孫通列傳》

---

⑦益：愈發。
⑧進取：此處指攻城略地。
⑨守成：指鞏固政權。

75、欒提冒頓

功臣都封賞了，朝儀也制訂了，那麼，天下就此太平了嗎？南方的南越王國靠陸賈鼓動三寸舌搞定，可是北方的匈奴帝國正崛起，成為漢帝國的威脅。

秦始皇派蒙恬北伐匈奴，由於秦帝國武力強大，匈奴向北遷移十餘年。秦帝國滅亡，匈奴再南下，勢力進入河套地區，乃與新建立的漢帝國產生了衝突。

匈奴汗國當時出了一位英雄人物欒提冒頓。他是父親頭曼單于的長子，起初立為太子，後來因為頭曼寵愛的閼氏生下幼子，就把冒頓送去月氏當人質，兩國聯盟對付東胡。可是，頭曼卻向月氏發動攻擊，擺明了要犧牲冒頓。幸而欒提冒頓機警過人，偷了一匹良馬，奔逃脫險。

回到匈奴汗國以後，冒頓不提，頭曼也佯裝不知，撥一萬餘騎兵交給冒頓帶領，但冒頓心中深深痛恨後母與父親。

冒頓自己設計了一種響箭，並加緊訓練手下部眾。下令：「我的響箭射向何方，所有人都向那個地方射箭，不跟著做的，斬首。」出獵時，只要有人不隨著響箭而射，一律誅殺。

有一天，冒頓以響箭射向自己愛馬，左右有人不敢射，一律斬首。過不久，冒頓以響箭射向其愛妾，左右有人惶恐不敢射，又一律斬首。

建立了響箭的威信後，冒頓進行「模擬考」：出獵時，以響箭射向父親頭曼單于的一匹良馬，左右齊射，毫不猶豫——冒頓於是知道，訓練已經成功。

有一天，冒頓隨父親出獵。覷著一個機會，以響箭射向父親，他的隨從騎士如響斯應，頭曼單于遂死於亂箭之下。然後，冒頓誅殺後母、弟弟，以及大臣不服從者，自立為單于。

【原典精華】

冒頓乃作為鳴鏑①，習勒②其騎射，令曰：「鳴鏑所射而不悉射者，斬之。」行獵鳥獸，有不射鳴鏑所射者，輒斬之。

已而冒頓以鳴鏑自射其善馬，左右或不敢射者，冒頓立斬不射善馬者。居頃之，復以鳴鏑自射其愛妻，左右或頗恐，不敢射，冒頓又復斬之。居頃之，冒頓出獵，以鳴鏑射單于③善馬，左右皆射之。於是冒頓知其左右皆可用。

從其父單于頭曼獵，以鳴鏑射頭曼，其左右亦皆隨鳴鏑而射殺單于頭曼，遂盡誅其后母與弟及大臣不聽從者。冒頓自立為單于。

——《史記．匈奴列傳》

東胡汗國聽說冒頓弒父篡位，欺他年輕，派出使節表示：「我們大汗想要得到頭曼單于那匹千里馬。」

冒頓徵詢群臣意見，群臣說：「那是我們匈奴的寶馬，不能給他。」

---

①鏑：音「迪」，箭鏃。鳴鏑：響箭。
②習：訓練戰技。勒：命令、指揮。
③單：破音字讀「纏」。單于：匈奴王。

冒頓說：「敦親睦鄰為何捨不得一匹馬？」就把千里馬送給東胡。

過一陣子，東胡使節又來，說：「我們大汗希望得到單于的一位閼氏。」

冒頓再徵詢群臣意見，群臣羞怒交加，大呼：「這是一項不能忍受的羞辱，應該出兵攻擊。」

冒頓說：「既然跟人家是鄰國，怎麼可以捨不得一名女子？」將自己喜愛的一名閼氏送給東胡，東胡汗王為之益發驕傲。

東胡與匈奴之間有一塊無人地帶，南北狹長達一千餘里，兩國各自在邊緣地帶築土室，以為前哨。

東胡使節又來，說：「這一帶土地是沒有用的，我國希望擁有。」

冒頓又徵詢群臣意見，有人說：「那片土地確實是無用之地，給他們也可以，不給也可以。」

冒頓陡然變臉，大為光火，說：「土地是國家的根本，怎麼可以給他們？」

冒頓將主張割地者全數斬首，隨即上馬，下令：「最後出擊的，斬首。」發動閃電攻擊。

東胡因為之前一再得逞，所以不設防，冒頓就此一戰，消滅東胡汗國。

【原典精華】

冒頓既立，是時東胡彊盛，聞冒頓殺父自立，乃使使謂冒頓，欲得頭曼時有千里馬。冒頓問群臣，群臣皆曰：「千里馬，匈奴寶馬也，勿與。」冒頓曰：「奈何與人鄰國而愛一馬乎？」遂與之千里馬。

居頃之，東胡以為冒頓畏之，乃使使謂冒頓，欲得單于一閼氏④。冒頓復問左右，左右皆怒曰：「東胡無道，乃求閼氏！請擊之。」冒頓曰：「奈何與人鄰國愛一女子乎？」遂取所愛閼氏予東胡。

……

東胡使使謂冒頓曰：「匈奴所與我界甌脫⑤外棄地，匈奴非能至也，吾欲有之。」冒頓問群臣，群臣或曰：「此棄地，予之亦可，勿予亦可。」於是冒頓大怒曰：「地

④閼：音「煙」。氏：破音字讀「知」。閼氏：匈奴王妃稱閼氏，皇后稱大閼氏。

⑤甌脫：草原游牧民族無確定國界，在兩部落之間保留一個緩衝區，各自派出斥候，築土室做為哨兵。

者，國之本也，奈何予之！」諸言予之者，皆斬之。冒頓上馬，令國中有后⑥者斬，遂東襲擊東胡。

——《史記·匈奴列傳》

冒頓單于繼續向西攻擊月氏汗國，月氏不敵，向西逃亡。逃到中亞草原的稱大月氏，留在原地（今甘肅西部）的稱小月氏。

然後再向南，吞併樓煩、白羊等部族，並攻擊燕、代（河北北部、內蒙、遼寧），完全恢復蒙恬北伐之前的領域，與中國接壤。

那時候，正是楚、漢陷入苦戰之時，完全無法顧及北方。匈奴乘機崛起，武裝部隊號稱三十萬人，北方草原部族無不懾服。

漢與匈奴兩個新興帝國同時崛起，衝突很難避免。

⑥后：同「後」。

76、白登山

劉邦麾下有兩位韓信。一位是大家熟悉的，用兵如神卻被劉邦兩次剝奪軍權、一次被削奪楚王、貶為淮陰侯的大將韓信；另一位韓信是故韓國的庶出公子。張良光復故韓國舊地時，公子韓信投奔張良為將，之後隨沛公入關，又隨漢王入蜀，再隨漢王攻掠三秦。當時漢王劉邦派韓信攻掠故地，答應將來封他為韓王。

項羽殺了韓王成，另外封了一位韓王鄭昌。韓信與鄭昌對戰二年，鄭昌不敵，投降，漢王劉邦乃立韓信為韓王，史書上稱之為韓王信。

漢王劉邦從滎陽逃脫時（陳平奇計那一次），留韓王信守滎陽，結果滎陽陷落，韓信降楚。可是他找到機會脫逃，又回到漢陣營，劉邦仍立他為韓王，直到項羽兵敗自殺，天下大定。

由於匈奴崛起於北方，劉邦下令韓王信，將韓國都城遷到晉陽（今山西省太原市），

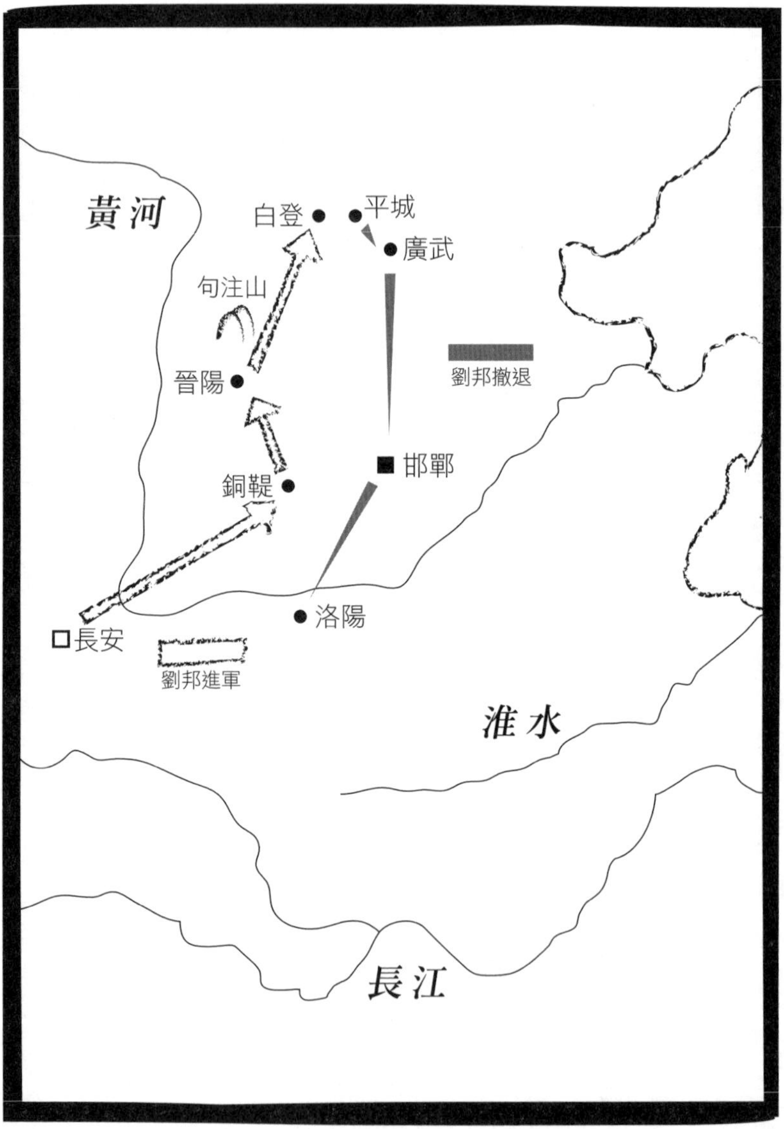

▲白登之圍

負責戒備、抵禦匈奴。韓王信上書：「晉陽離長城太遠，請准許遷都馬邑（今山西省朔縣）。」

匈奴冒頓單于大軍包圍馬邑，韓王信一邊向長安求援，一邊派出使節向匈奴求和。漢高祖劉邦發兵救韓，但是對韓王信向匈奴求和的動作不滿，認為他有二心，派使者去責備韓王信。韓王信心生恐懼，於是叛變，投降匈奴，倒戈攻漢。冒頓大軍於是乘勝南下，前鋒直抵晉陽。

漢高祖劉邦親率大軍北上，先在銅鞮（鞮音「低」，今山西省沁縣）擊潰韓王信，再兩次打敗匈奴援兵與叛軍聯合部隊。漢軍不想讓敵人再度集結，窮追猛打，加速向北方挺進。

可是，當時正是隆冬季節，天寒加上雨雪，士卒手指被凍掉者，十之二三。而劉邦住在晉陽宮，不知前線情況，只得到情報「冒頓駐在代谷」。距離不遠，劉邦計劃發動大規模攻勢，派出使節，窺探匈奴虛實。

冒頓刻意藏匿起代谷的壯士與大馬，漢軍的使節都只看到老弱殘兵與衰弱的牲畜，因此，連續十個使節都說「匈奴可以攻擊」。

劉邦仍不放心，再派婁敬為使節，作最後的觀察。

婁敬尚未回報，這邊大軍已經開拔，三十二萬人的盛大兵團向北推進。先鋒部隊剛越過句注山，婁敬回來了，向劉邦提出警告：「兩國處在交戰狀態，常理是誇張己方強大，以向對方示威。可是我卻完全只看到老弱殘兵，顯然對方刻意向我示弱，有違常理。我研判匈奴必定埋伏有奇兵，等著我們進入圍套，千萬不可草率進攻。」

這時，大軍已有二十萬人出發，勢不可止。劉邦沒有選擇，更不容士氣動搖，怒罵婁敬：「你這齊國罪犯，之前靠耍嘴皮子當上了高官，現在卻胡說八道打擊我軍士氣！」將他上了腳鐐手銬，關在監牢裡。

劉邦率先抵達平城，大軍尚未集結。匈奴單于冒頓傾全國精銳四十萬騎兵，趁漢帝登上白登山，將白登山團團圍住，圍了七天，漢軍在外圍完全無法相救。

情勢危急，又是陳平使出「秘計」，劉邦才得脫出重圍。

陳平的「秘計」是什麼？陳平派人送貴重禮物給單于大閼氏，使者同時展示一張美女畫像，說：「漢帝已經派人緊急去接這名美女，要將這位美女獻給單于。如果閼氏現在勸單于解圍，漢帝得脫，漢國美女也就不會來了。」

大閼氏擔心失寵，於是對冒頓單于說：「兩國君王不應相互圍困，我們（草原民族）得到漢國土地，也無法長期占有。」

單于下令解除包圍圈的一角，正好天起大霧，陳平建議所有強弩部隊都按上兩支箭，護住劉邦從那一角悄悄脫出。

才脫出包圍圈，劉邦就要疾馳回陣地，可是夏侯嬰堅持徐行。回到平城，漢軍大部隊也集結完成，匈奴騎兵於是撤退。

劉邦回到廣武，下令赦免婁敬，說：「我不聽先生的話，因此才被圍困在平城。我已經下令將前面十個瞎了眼的使者處斬。」封婁敬二千戶食邑，封號建信侯。

【原典精華】

高帝……使人使匈奴。匈奴匿其壯士肥牛馬，但見老弱及羸畜①。使者十輩來，皆言匈奴可擊。

上使劉敬復往使匈奴，還報曰：「兩國相擊，此宜夸矜②見所長。今臣往，徒見

①羸：病弱。羸畜：此處專指病弱的馬匹。
②夸：同「誇」。矜：誇。夸矜：炫耀。

羸瘠老弱，此必欲見短，伏奇兵以爭利。愚以為匈奴不可擊也。」

是時漢兵已踰句注③，二十餘萬兵已業行。上怒，罵劉敬曰：「齊虜！以口舌得官，今乃亡言沮吾軍。」械系敬廣武。

遂往，至平城，匈奴果出奇兵圍高帝白登，七日然後得解。

高帝至廣武，赦敬，曰：「吾不用公言，以困平城。吾皆斬前使十輩言可擊者矣。」乃封敬二千戶，為關內侯，號為建信侯。

——《史記．劉敬叔孫通列傳》

兩個帝國的第一場戰爭，暫時以「匈奴未勝，漢慘和」收場，可是接下去如何是好？

③句：破音字讀「溝」。句注山在今山西北部。

77、和親

對付匈奴不宜再用武力，劉邦徵詢婁敬的意見，婁敬說：「天下剛剛安定，人民和戰士都已筋疲力盡，不宜再用軍事方式解決；冒頓弒父篡位，將庶母當做妻子，這種人也不能以仁義說服。方法是有，眼光得放遠，期待冒頓的子孫向中國臣服。但只怕陛下辦不到。」

劉邦說：「你講來聽聽看。」

婁敬說：「陛下如果能將嫡長公主許配給單于，同時配合豐厚陪嫁，對方知道是我方的皇后親生女兒，必定心生敬慕，立公主為大閼氏，將來生了兒子，就是太子。陛下每年過節時，挑一些中國用不了、而匈奴很缺乏的東西，派使節致送並問候，順便再派能言善道的學養之士，向單于明示暗諷一些女婿對丈人的禮節。如此，單于在世時為女婿，單于過世則外孫為單于，有聽過外孫敢跟外祖父相抗的嗎？這樣就可以不必動員軍隊，而讓匈奴漸漸臣服。然而，若陛下不能將長公主嫁過去，而在皇族宗室中找一個山寨公主嫁過去，對方終究會知道真相，一定不會立她為大閼氏，也不會受到單于尊寵，仍然無益。」

劉邦與皇后呂雉只有一個女兒，也就是彭城大敗時，三度被推下車子那個女兒，封為魯元公主，並嫁給趙王張敖（張耳的兒子）。

劉邦同意婁敬的和親政策，要將魯元公主下嫁匈奴。呂后心裡不同意，日夜哭泣，說：「我只有一個女兒跟一個兒子，你居然要將她丟到蠻荒地方，嫁給蠻夷！」

劉邦最終拗不過呂后，只得在皇族中找了一名女子，堅稱她就是「長公主」，嫁給冒頓單于，並且派婁敬擔任和親特使。

【原典精華】

劉敬對曰：「陛下誠能以適①長公主妻之，厚奉遺②之，彼知漢適女送厚，蠻夷必慕以為閼氏，生子必為太子。代單于。何者？貪漢重幣。陛下以歲時漢所餘彼所鮮數問遺，因使辯士風諭③以禮節。冒頓在，固為子婿；死，則外孫為單于。豈嘗聞外孫敢與大父④抗禮者哉？兵可無戰以漸臣也。若陛下不能遣長公主，而令宗室及后宮詐稱公主，彼亦知，不肯貴近，無益也。」高帝曰：「善。」欲遣長公主。呂后日夜泣，曰：「妾唯太子、一女，奈何棄之匈奴！」上竟不能遣長公主，而取家人子名為長公主，妻單于。使劉敬往結和親約。

——《史記・劉敬叔孫通列傳》

婁敬達成使命回來，再提建議：「匈奴汗國的白羊、樓煩部族，常居河套以南，距離長安最近的才七百里，輕騎兵一日一夜就可到達。而關中在戰亂之後，人口稀少但土地肥沃，恐怕難以抵擋匈奴入侵，應該要充實關中人口。故六國的王族，如齊國的田氏，楚國的屈、景、昭氏，家族勢力根深柢固。我建議將這些強宗豪族，外加全國名流、豪傑，都遷移到關中。一來可以抵禦北方異族，二來可以遙制天下。這是『強本弱末』的策略。」

劉邦對這項建議大為激賞，下令將齊、楚五大家族與各國豪傑之士移居關中，發給他們良田美宅，共遷了十餘萬人。

①適：嫡，借用字。
②遺：破音字讀「未」，送禮。
③風諭：諷諭。
④大父：外祖父。

78、貫高

劉邦沒將女兒嫁給冒頓，可是女婿卻捲進一場超級陰謀。

劉邦僥倖自平城脫險返回長安途中，經過趙國邯鄲，趙王正是他的女婿張敖，接待皇帝丈人至為恭順：挽起袖子親自侍奉飲食。可是劉邦卻攤開兩腿、微屈兩膝坐在那裡，動輒斥罵，那是非常輕蔑的態度。

趙國宰相貫高、趙午是張耳的老臣，都已六十多歲，見狀非常生氣，私下議論：「咱們的王真是懦弱啊！」

兩位老宰相向趙王張敖請命：「天下豪傑並起，有能力的人先稱王（不必低聲下氣求人）。如今大王事奉皇帝如此恭順，可是皇帝卻無禮傲慢，請允許我們殺了他。」

張敖咬破手指出血（以示忠誠之意），對二人說：「你倆說的是什麼話！先王亡國（指張耳當年被陳餘趕走之事）全賴皇上鴻恩，得以復國，恩澤更及於子孫（張耳逝世後張敖繼位），趙國如今能夠存在，每一分一毫都是皇上所賜予。請你們不要再持這種言論。」

貫高、趙午等十餘人私下商議：「是我們錯了。大王是個老實人，不忘人家恩德。既然吾等不甘受辱，就自己行動，不必牽累大王。事情成功歸大王，失敗則我們自己承擔責任。」

翌年，劉邦又路過趙國，貫高等人在柏人（今河北省唐山市）的館舍夾壁中埋伏甲士。劉邦原本想要留宿柏人，可是突然心跳異常，問：「這裡叫什麼地名？」左右答：「柏人。」劉邦說：「柏人，是受迫於人的意思。」不宿而去。

又隔了一年，貫高的仇家得知這件事，向皇帝檢舉，於是劉邦下令逮捕趙王與貫高等人。

參與陰謀的十餘人都爭相自刎，以示不屈。只有貫高罵他們：「誰教你們這麼做的？我們大王事實上沒有參與陰謀，大家都自殺，誰去幫大王辯白！」

趙王張敖被關進密閉囚車，解送長安。皇帝下詔：凡是趙國群臣有人膽敢隨趙王來者，一律誅殺全族。貫高與十餘人都自己剪掉頭髮、戴上頸鉗，裝成趙王家奴，一同到了長安。

貫高面對司法官，力陳：「都是我等自作主張，吾王事實上不知情。」司法官吏用鞭打、烙鐵燙，打到體無完膚，都沒有人更改供詞。

呂后為女婿關說，劉邦怒罵：「如果張敖志在奪取天下，哪還顧念妳女兒！」

可是，當廷尉報告貫高的表現，劉邦說：「真是剛烈之士啊！有誰跟他熟識，私下去瞭解一下？」

中大夫泄公（姓名不詳）與貫高為舊識，劉邦命他去獄中套話。貫高躺在竹床上，仰視，問：「是泄公嗎？」泄公與他談過去事情，然後旁敲側擊：「張敖到底是否知情？」

貫高說：「人哪個不愛自己的父母妻子？如今三族誅滅的罪名加身，我難道會為了國王犧牲親人？事實上吾王不知情。」

泄公回報，劉邦乃釋放張敖。同時要泄公去告訴貫高，並赦貫高之罪。

貫高大喜，說：「吾王確實獲釋了嗎？」

泄公：「確實。而且皇上嘉勉你的忠心，也赦你無罪。」

貫高說：「我被拷打得體無完膚，之所以不死，就是硬撐著要為吾王辯白。如今吾王已獲釋，我的責任已盡，死而無憾。一個做臣子的蒙上篡殺之名，我還有什麼面目事奉國君呢？縱使皇上不殺我，我難道自己不慚愧嗎？」於是自己用力仰起脖子，閉氣而死。貫高的行為，一時聞名天下。

【原典精華】

十餘人皆爭自剄①，貫高獨怒罵曰：「誰令公為之？今王實無謀，而並捕王；公等皆死，誰白王不反者！」乃轞車膠致②，與王詣長安。治張敖之罪。上乃詔趙群臣賓客有敢從王皆族。貫高與客孟舒等十餘人，皆自髡鉗③，為王家奴，從來。

貫高至，對獄，曰：「獨吾屬為之，王實不知。」吏治搒④笞數千，刺剟⑤，身無可擊者，終不復言。

……

貫高曰：「所以不死一身無餘者，白⑥張王⑦不反也。今王已出，吾責已塞，死

①自剄：自刎。
②膠致：（轞車）用膠封住門窗，避免洩密、串供。
③髡鉗：奴僕裝束。
④搒：音「蹦」，拷打。
⑤剟：音「奪」，刀割。
⑥白：讀音「伯」，陳述。
⑦張王：趙王張敖。

不恨矣。且人臣有篡殺之名，何面目復事上哉！縱上不殺我，我不愧於心乎？」乃仰絕亢⑧，遂死。當此之時，名聞天下。

——《史記．張耳陳餘列傳》

張敖逃過一死，但趙王的王位卻沒了，改封為宣平侯。

對劉邦來說，雖然張敖沒有涉入謀刺陰謀，可是連女婿的趙國都不穩，其他異姓諸王就更令他擔心。

最令劉邦擔心的，當然是那個最會打仗的韓信。

⑧亢：頸項。仰絕亢：用力仰頭，頸斷自絕。

79、殺韓信

韓信被貶為淮陰侯以後，人在長安，卻經常稱病不上朝，甚至擺明了羞與周勃、灌嬰等沛縣老革命並列朝堂。

比較例外的是樊噲，他是一員猛將，待人無心機，韓信與他還偶有來往。有一次，韓信去拜訪樊噲，樊噲在韓信來、去時，都跪拜送迎，口中稱臣，說：「大王竟然大駕光臨臣的寒舍，真是蓬蓽生輝。」

韓信反而因此看低了樊噲。出了樊噲的侯府，說：「我竟然淪落到跟樊噲這種人為伍！」

劉邦任命陳豨鎮守趙國北方邊界，陳豨臨行，向韓信辭別。

韓信牽著陳豨的手，摒除左右，與陳豨在庭院中散步談話，仰天嘆氣，說：「閣下是可以保守秘密的人嗎？我有話想對你說呢。」

陳豨：「請將軍下令。」

韓信說：「閣下要去的地方，擁有目前全國最精銳部隊；而閣下是皇帝陛下親信的將領（否則不會派你去）。若有人告狀，說閣下想要叛變，陛下一定不信；然而，若第二次有人告狀，陛下就要起疑心了；若有第三次，肯定會發怒，並且親自領軍攻打閣下。如果一旦發生這類事情，我將為閣下在京師起義，那樣，取天下就有機會了。」

陳豨一向欽佩韓信，聞言說：「我恭謹的接受教誨。」

【原典精華】

信知漢王畏惡其能，常稱病不朝從。信由此日夜怨望，居常鞅鞅①，羞與絳②、灌②等列。

信嘗過樊將軍噲，噲跪拜送迎，言稱臣，曰：「大王乃肯臨臣！」

信出門，笑曰：「生乃與噲等為伍！」

……

陳豨拜為鉅鹿守，辭於淮陰侯。淮陰侯挈③其手，辟④左右與之步於庭，仰天嘆曰：「子可與言乎？欲與子有言也。」

豨曰：「唯將軍令之。」

淮陰侯曰：「公之所居，天下精兵處也；而公，陛下之信幸臣也。人言公之畔⑤，陛下必不信；再至，陛下乃疑矣；三至，必怒而自將。吾為公從中⑥起，天下可圖也。」

陳豨素知其能也，信之，曰：「謹奉教！」

——《史記．淮陰侯列傳》

隔年，陳豨果然叛變，劉邦也果然御駕親征，韓信稱病未隨從，反而私下派人去對陳豨說：「你既然已經舉兵，我會在京城助你一臂之力。」

①鞅鞅：心中不快的樣子。
②絳：周勃封絳侯。灌：灌嬰。周勃、灌嬰都是沛縣起義大功臣。
③挈：牽手。
④辟：摒開。
⑤畔：同「叛」，借用字。
⑥中：首都、中央。

於是韓信訂下兵變計劃。矯詔赦免罪犯、奴隸，發動這些亡命之徒，趁夜襲擊呂后與太子。布署已經完成，只等陳豨回報。

可是人算不如天算。韓信侯府中有一個舍人（家臣）得罪了韓信，韓信將他囚禁起來，剋日誅殺。舍人的弟弟向呂后告發韓信的兵變陰謀。

呂后想要召韓信入宮，卻又怕他起疑不來，反而會促使他提前動手。就跟丞相蕭何商量，定下一計：命人假裝前線來的使者，說陳豨已經兵敗被殺，列侯與群臣都入宮道賀。

若不是蕭何當年強力推薦韓信擔任大將，韓信恐怕就是一個逃亡軍官而已，而且當時楚、漢雙方都不會容他。所以，蕭何有大恩於韓信。當蕭何去勸韓信：「雖然生病，還是勉強入宮道賀吧。」韓信就進宮了。（成也蕭何，敗也蕭何）

韓信一進宮，呂后派武士將他逮捕，綁起來，在長樂宮中懸鐘之室斬首。

韓信臨死前，說：「後悔當初沒有採納蒯徹的計謀，如今被一個女子詐騙而死，豈不是天意！」

韓信之死，二千多年來，一直有人質疑，認為是一場冤獄。其實是劉邦處心積慮要誅殺功臣，處心積慮設計自己「不在場證據」。

歷史是後人寫的，時間愈久，愈沒有真相。韓信之死，乃陷入「官方說法 vs. 合理懷疑」

的爭議，永無結論。

至於陳豨，雖只是個不怎麼樣的角色，但他卻是推動誅殺功臣的第一張骨牌，必須交代。

80、陳豨

陳豨著實稱不上名將，他很早就追隨沛公，一路西進入關至霸上，以後都在漢陣營，卻沒在任何一項戰役中有過特出表現，直到劉邦從平城回來，才封陳豨為侯，派他到趙國北方監軍。

如此一位「平凡」的將領，又怎麼會反叛呢？真是因為韓信的「挑動」嗎？——雖然不是因為聽了韓信「裡應外合」的挑動，但確實是因為韓信與他牽手密談那番話「說中了」！

陳豨封了侯爵，手握重兵，有點躊躇滿志，養了一屋子食客，自比戰國四大公子之一的信陵君魏無忌——陳豨老家是故魏國領土，一向欽佩信陵君。

他每次從前線休假回家，經過邯鄲時，隨從賓客陣容盛大，乘車一千多輛，邯鄲官舍全部擠滿。

當時的趙王已經換為劉邦最疼愛的兒子趙如意，趙國宰相周昌是沛縣老革命，忠心耿耿，他到長安晉見皇帝，對陳豨的盛大陣仗加油添醋，檢舉他在外專擅兵權，提出警告「恐有變」——韓信說中了，果然「有人」檢舉陳豨。

而劉邦也不待有其他人檢舉，當即下令清查陳豨賓客的各種財物餽贈與不法情事，案情多有牽連陳豨。

陳豨開始擔心，私下派人通知駐在前線的部將王黃、曼丘臣，「做好應變準備」。

翌年，太上皇（劉邦的老爹劉執嘉）逝世，劉邦派使者召陳豨回京。陳豨以病重推辭不去，二個月後，公開反叛，自立為代王。

劉邦下令赦免所有趙國、代國的犯罪官吏與平民（這些人都仇視陳豨，這道命令拉攏了很多「盟友」）。然後御駕親征，到了邯鄲，瞭解狀況後，高興的說：「陳豨不南下據漳水、北守邯鄲，我知道他成不了氣候了。」

前此提出檢舉的趙國宰相周昌奏請：「常山地區二十五城，陳豨叛變淪陷二十城，請准將常山地區的行政與司法首長全部斬首。」

劉邦問：「他們也隨陳豨造反嗎？」

「沒有。」

「那是他們力量不足才守不住城，免罪。」

劉邦又問周昌：「趙國有沒有英雄好漢，可以任命他們為將領的嗎？」

周昌推薦了四位。四人進謁，劉邦劈頭開罵：「你們這種貨色也能當將軍嗎？」四人都慚愧伏地不起。但劉邦仍封他們每人千戶食邑，任命為將軍。

左右親信問：「打從入蜀、漢，伐楚以來，有功勞的將領尚未全部封賞，如今以什麼功勞封這四個小子？」

劉邦對左右說：「這你們就不懂了。陳豨稱兵造反，邯鄲以北全部被他攻掠，我發出緊急動員令，諸侯沒有一個前來。眼前我只有邯鄲城內的軍隊可以指揮。我豈能捨不得四千戶，不拿來慰勉趙國子弟？」——趙國壯丁見到皇帝大手筆，個個躍躍欲試，一心想望立功得封賞。

【原典精華】

上問周昌曰：「趙亦有壯士可令將者乎？」

對曰：「有四人。」四人謁，上謾罵曰：「豎子能為將乎？」四人慚伏。上封之各千戶，以為將。

左右諫曰：「從入蜀、漢，伐楚，功未遍行，今此何功而封？」
上曰：「非若所知！陳豨反，邯鄲以北皆豨有，吾以羽檄徵天下兵，未有至者，今唯獨邯鄲中兵耳。吾胡愛①四千戶封四人，不以慰趙子弟！」

——《史記．韓信盧綰列傳》

劉邦再問：「陳豨手下的得力將領有誰？」
周昌答：「王黃、曼丘臣，他倆從前都是商人。」
劉邦說：「我曉得怎麼對付他們了。」
於是懸賞千金，購買王黃、曼丘臣的頭顱。在漢軍連勝數場戰役之後，王黃與曼丘臣都被部下綁來領賞。一年後，樊噲擊斬陳豨。

陳豨確實不是塊料，所以被劉邦看破手腳。但是陳豨叛變卻讓劉邦心生警兆：那些異姓諸王都不受徵召，他只得御駕親征，或只能靠周勃、樊噲等忠心但卻是次等將才上陣賣命。劉邦自此開始誅殺異姓諸王，而韓信此時已經被呂后設計殺了。

①胡：怎能。愛：惜。

81、捷足先登

劉邦採用金錢收買手段，生擒了陳豨手下大將王黃、曼丘臣後，認為代地的亂事已經沒有問題，就留下樊噲平亂，自己回到長安。

到了長安，知道韓信已死，「既喜且憐」，其實是貓哭耗子。

劉邦問：「韓信臨死前有說什麼話嗎？」

呂后說：「他說後悔沒採納蒯徹的計策。」

劉邦：「蒯徹是齊國的辯士。」下詔給齊國，將蒯徹捉拿來京。

蒯徹被押到長安，劉邦問：「是你教淮陰侯背叛我嗎？」

蒯徹：「是的，我曾經建議他鼎足之計。那小子不採納我的大戰略，才落得今天的下場。如果那小子當初採納我的策略，陛下又怎麼殺得了他呢？」

劉邦大怒，下令烹殺蒯徹。

蒯徹：「冤枉啊！」

劉邦：「你自己都承認了，是你教韓信造反，有何冤枉？」

蒯徹：「當初，秦帝國已經失去控制，太行山以東全面大亂，群雄並起，個個都是英雄好漢。秦帝國失去了他的鹿，天下英雄一同追逐，身材高大、腳步快的人先得到那『鹿』，這是遊戲規則一；盜跖養的狗對著帝堯吠，並非堯不好，而是狗只護著自己的主人，這是遊戲規則二。在那個時候，我只認識韓信，又不認識陛下。況且，天下英雄拿起武器想要幹一番與陛下相同事業者那麼多，只不過力有未逮而已。又怎能通通烹殺呢？」

【原典精華】

蒯通至，上曰：「若①教淮陰侯反乎？」

對曰：「然，臣固教之。豎子不用臣之策，故令自夷②於此。如彼豎子用臣之計，陛下安得而夷之乎！」

①若：你。

②夷：殺。自夷：指韓信不聽建言，自作自受。

上怒曰：「亨之。」

通曰：「嗟乎，冤哉亨也！」

上曰：「若教韓信反，何冤？」

對曰：「秦之綱絕而維弛③，山東大擾，異姓并④起，英俊烏集。秦失其鹿，天下共逐之，於是高材疾足者先得焉。蹠⑤之狗吠堯，堯非不仁，狗因吠非其主。當是時，臣唯獨知韓信，非知陛下也。且天下銳精持鋒欲為陛下所為者甚眾，顧⑥力不能耳。又可盡亨之邪？」

——《史記．淮陰侯列傳》

劉邦赦免了蒯徹，倒不是因為蒯徹說了真話，而是蒯徹對他的帝國沒有威脅。他可以包容季布，當然也可以包容蒯徹。季布和蒯徹都是「跖犬吠堯」，劉邦可以包容「犬」，不能包容的是那些「跖」。

③綱、維：都是網子的大繩。綱維引申為「維繫政權的法律與制度」，綱絕維弛形容政權崩解。
④并：同「並」。
⑤蹠：通「跖」。盜跖：古代巨盜名。
⑥顧：只不過。

82、殺彭越

當初劉邦在彭城大敗，如喪家之犬。張良向他推薦三位足以獨當一面的人物：英布、彭越、韓信。劉邦的確靠這三位英雄人物打敗了項羽。可是在項羽滅亡之後，這三位反而成為劉邦的腹心之憂，被認為是帝國的隱患。因此劉邦動手為子孫剷除隱患，韓信已經解決，下一個目標是彭越。

彭越得封梁王，對皇帝十分恭敬。劉邦會諸侯於陳（逮捕楚王韓信那一次），彭越聽命前往。之後，每年都到長安朝見皇帝。

陳豨造反，劉邦御駕親征，在邯鄲徵召諸侯帶兵來會合，梁王彭越請病假，派將領率軍隊前往支援。漢帝劉邦對此不爽，派使者去責備梁王。

彭越為此感到惶恐，準備親自前往邯鄲謝罪。梁國將領扈輒說：「大王起初不去，現在受到責備後才去，去了剛好被他逮捕（韓信是前車之鑑），不如先下手為強，就此起兵

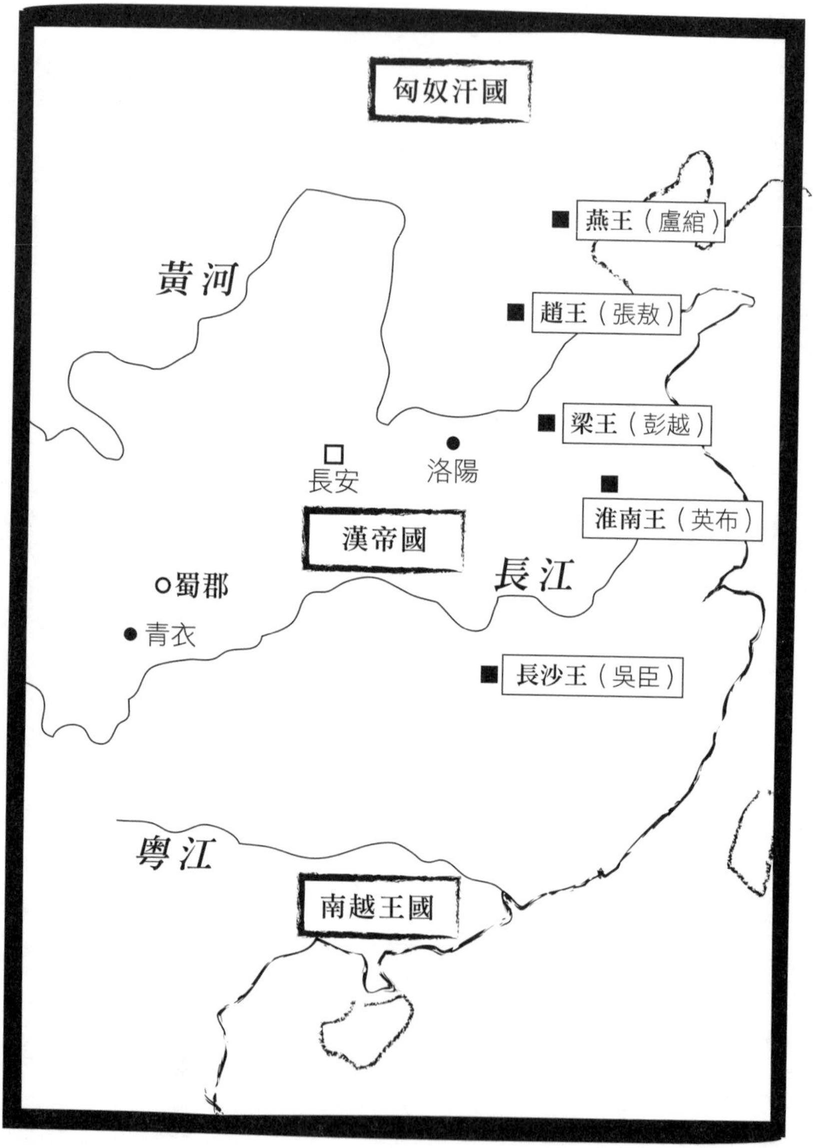

▲漢初異姓諸王

造反。」彭越不採納這個建議，但卻因此不敢前往邯鄲，再次告病假。

梁國的太僕得罪了梁王，彭越要斬他。太僕脫逃出梁國，到長安去向皇帝告密，說梁王與扈輒謀反。

劉邦派出特遣隊，突襲梁王宮，逮捕彭越，將他囚禁在洛陽，然後親自赴洛陽處理本案。負責審理的司法官向皇帝報告：「扈輒勸彭越造反，彭越雖不採納，可是沒有誅殺扈輒，『反形已具』，依法當斬。」

這是一種典型的政治判決：法官可以說彭越「無反意」，也可以判他「知情不舉」，最重就是「反形已具」——已經具備造反的態勢。

事實是彭越並沒有造反，而劉邦也心知肚明，彭越並沒有要造反的意思。劉邦的目的只是撤除異姓王而已，所以沒有殺彭越，只將他廢為庶人，流放到蜀郡青衣縣（今四川省雅安縣）。

彭越被押解前往青衣，在鄭縣（今陝西省華縣）遇到從長安來的呂后。他還以為遇到救星了，對呂后哭訴自己無罪，表示希望讓他回到故鄉昌邑（今山東省金鄉縣）。但是他後來才曉得，這個救星其實是奪命煞星。

呂后答應幫彭越說情，帶他回到洛陽。

呂后對劉邦說：「彭越是個英雄人物，如今將他流放蜀郡，那裡天高皇帝遠，豈不是留個後患？不如現在就殺了他。所以我將他帶回洛陽。」劉邦默許。

於是呂后找了一個彭越的舍人，「密告」彭越再度謀反。司法官「審理」後，奏請「族誅」，皇帝批准。於是彭越全族屠滅，劉邦改封自己的兒子劉恢當梁王。

【原典精華】

上赦（彭越）以為庶人，傳處蜀青衣。西至鄭，逢呂后從長安來，欲之雒陽，道見彭王。彭王為呂后泣涕，自言無罪，願處故昌邑。呂后許諾，與俱東至雒陽。呂后白上曰：「彭王壯士，今徙之蜀，此自遺患，不如遂誅之。妾謹與俱來。」於是呂后乃令其舍人告彭越復謀反。廷尉王恬開奏請族之。上乃可，遂夷越宗族，國除。

——《史記・魏豹彭越列傳》

83、欒布

彭越全族在洛陽城外集中處決，彭越的頭顱懸掛洛陽城門，屍體暴露地上。漢帝下令：有人膽敢收殮彭越屍首者，一律逮捕治罪。

可是就有不怕死的人，那人名叫欒布。

彭越還沒起義時，與欒布是朋友。欒布家境貧困，賣身到齊地吃頭路，在酒店當酒保。彭越起義時，欒布被賣到燕地為奴。他當人奴僕也很忠心，敢為家主人報仇，因而得到燕將臧荼賞識，讓他擔任都尉。臧荼被項羽封為燕王，拜欒布為將軍。後來臧荼被漢軍擊敗，欒布被俘虜。

梁王彭越聽說欒布被俘，就向漢高祖劉邦請求，為欒布贖罪，並任命他為梁國大夫。

欒布為梁王出使齊國，任務尚未完成，梁王彭越已經被控謀反誅殺。欒布從齊國回來，在彭越的頭顱下面向他報告出使任務完成，同時祭祀並為彭越哭泣。

官吏逮捕欒布，並向上報告。劉邦將欒布召來罵，說：「你是不是參與彭越的謀反啊！我下令不准有人收屍，你不但公開祭祀，還當眾哭靈，莫非也參與了謀反？來人哪，立即將他烹了！」

衛士將欒布押出受刑。欒布回頭對皇帝說：「讓我說出心中話，然後甘願受死刑。」

劉邦：「你還有什麼話說？」

欒布：「當年陛下還困在滎陽、成皋之間時，項王之所以不能全力向西方進攻，正是因為彭王在梁地幫助漢軍、牽制楚軍。那個時候，彭王舉足輕重：幫助楚軍，則漢軍立即瓦解；幫助漢軍，則楚軍敗。再說垓下會師（漢、齊、梁）破楚，若沒有彭王參與，項王就不會滅亡。等到天下已平定，彭王與陛下對剖符節，受封為梁王，他也想要傳國萬世，所以對陛下效忠，事事聽命。如今只不過一次徵調軍隊，而彭王因病不能親自赴前線，陛下就懷疑他想造反。沒有反叛的事實，而以小人之言就誅滅全族，我只怕開國功臣要人人自危了。好了，我講完了。彭王已死，我活著也不如死去，甘願受刑。」

然而，由於這一席話，劉邦赦免了欒布的罪，還任命他擔任都尉。

【原典精華】

方提①趣湯②，布顧曰：「願一言而死。」

上曰：「何言？」

布曰：「方上之困於彭城，敗滎陽、成皋閒，項王所以不能西，徒以彭王居梁地，與漢合從苦楚也。當是之時，彭王一顧③，與楚則漢破，與漢而楚破。且垓下之會，微彭王，項氏不亡。天下已定，彭王剖符④受封，亦欲傳之萬世。今陛下一徵兵於梁，彭王病不行，而陛下疑以為反，反形未見，以苛小案誅滅之，臣恐功臣人人自危也。今彭王已死，臣生不如死，請就亨⑤。」

於是上乃釋布罪，拜為都尉。

——《史記．季布欒布列傳》

①提：押送。
②趣：趨。湯：燙水。趣湯：押去行烹刑。
③一顧：一旦反顧，有二念。
④剖符：古時候天子與諸侯剖開竹子做為信物。又，國君與出征大將也以剖符為信。
⑤亨：烹。

劉邦赦免欒布再度證明：他只是想撤銷異姓王國（之前原本也不想殺彭越），並不是想誅殺功臣，更無意殺盡所有逐鹿好漢。

歷史更證明他的決定是對的：蒯徹與欒布都在後來「誅呂安劉」的政變中，發揮作用，幫助劉氏鞏固了政權。

然而，欒布說「功臣人人自危」，事實上說中了。看見韓信與彭越的遭遇，你說英布會怎麼想？

84、英布起兵

項羽自殺，劉邦稱帝之後，有一次設宴款待諸將。曾經遊說英布背叛項羽的隨何，卻在席上被劉邦罵成「腐儒」，意思是沒用的讀書人，打天下用不上讀書人。

隨何下跪進言：「當陛下引兵攻取彭城，項羽尚在齊地（亦即尚未發生彭城大敗之時），當時陛下仍軍容盛大，發步兵五萬人、騎兵五千騎，能不能取勝英布？」

劉邦：「不能。」

隨何說：「陛下（在彭城大敗之後）派我帶了二十名隨員出使，說服英布反項，成功幫助陛下牽制了楚軍。那麼，我隨何的作用不比五萬步兵加五千騎兵更大嗎？那陛下呼我『腐儒』，說打天下用不著腐儒，是何道理？」

劉邦說：「別激動嘛，我正在考慮對你的封賞哩。」派了他一個護軍中尉，封英布為淮南王。

【原典精華】

項籍死，天下定，上置酒。上折①隨何之功，謂何為腐儒②，為天下安用腐儒。

隨何跪曰：「夫陛下引兵攻彭城，楚王未去齊也，陛下發步卒五萬人，騎五千，能以取淮南③乎？」

上曰：「不能。」

隨何曰：「陛下使何與二十人使淮南，至，如陛下之意，是何之功賢於步卒五萬人騎五千也。然而陛下謂何腐儒，為天下安用腐儒，何也？」

上曰：「吾方圖子之功。」乃以隨何為護軍中尉。

——《史記．黥布列傳》

貶低對隨何的功勞，顯示劉邦的心態：遊說英布成功不算什麼，「不過幫我牽制項羽幾個月罷了」，更別忘了，英布初次見劉邦受到的蔑視（坐在床上洗腳）。

因此，英布對自己的淮南王國是始終有著危機感的。而劉邦連續誅殺韓信、彭越，也讓英布心慌。更有甚者，劉邦殺彭越之後，不但將人頭掛在城門之上，還將他的屍體 成肉醬，分裝賜給各諸侯。人肉醬送到淮南時，英布正在打獵，當場反應恐慌，立即聚集軍隊布署防務，還派出偵探，隨時回報鄰近郡縣有沒有不尋常動靜。

就在此時，發生了賁赫事件：

英布有個寵姬生病，去醫生家就診。醫生對門住著淮南國中大夫賁赫，賁赫送了份厚禮過去，想要搭寵姬的關係，並借醫生家飲宴。

寵姬回到淮南王宮，找機會對英布說：「賁赫是個人才。」

英布起疑：「妳怎麼知道賁赫有才幹？」

寵姬將情形報告英布，英布卻懷疑寵姬與賁赫有姦情。

賁赫聽說情況，因害怕而稱病不出，英布愈發認定有姦情，下令拘捕賁赫。賁赫乘著驛車逃出淮南，疾駛長安，淮南追兵沒有追上。

---

①折：貶低。

②腐儒：罵人用語，說得好聽是「百無一用是書生」。

③淮南：指英布。劉邦封英布淮南王。但隨何去時，英布是項羽封的九江王。

賁赫到了長安，上書「英布反形已具」（與彭越同一罪名，非常「巧合」）。劉邦拿這份檢舉書，問相國蕭何的看法。

蕭何說：「英布應該不會反叛，恐怕是仇家陷害。請先拘捕賁赫，再派人前往淮南調查。」

那一邊，英布擔心賁赫說出他布署軍隊的事情，加上朝廷派人來調查，決定先下手為強，殺了賁赫全家，然後起兵造反。

85、英布出下策

英布初起兵時，對將領說：「皇上年紀大了，不可能親自前來。諸將中我只忌憚韓信與彭越，這兩人都已死，其他人都不夠看！」

劉邦要擬訂征討英布的戰略，為此向諸將徵詢意見。諸將異口同聲：「出動大軍，坑殺那小子，他有什麼能耐？」可是劉邦心裡明白他們都不是英布的對手，為此悶悶不樂。

夏侯嬰門下有一位門客是前楚國令尹，曾對夏侯嬰說：「去年殺彭越，前年殺韓信。此三人同功一體（背景相同，功勞也相同），當然會產生疑慮，擔心災禍即將臨頭，所以造反是當然的。」

夏侯嬰乃向劉邦推薦：「我的門下有一位前楚國令尹薛公，他對英布很有瞭解，可以問問他意見。」

劉邦接見薛公。薛公說：「英布造反不足為怪。如果他採取上計，則太行山以東將非漢所有；若出中計，則勝敗未可知；若出下計，陛下可以高枕無憂。」

劉邦問：「何謂上計？」

薛公說：「英布向東攻吳國，向西攻楚國，再進取齊、魯。然後向燕、趙發出號召文告，要他們各自固守彊域。那樣的話，太行山以東就不再屬於大漢帝國了。」

「何謂中計？」

「向東取吳，向西取楚，進軍韓、魏（中原），據有敖倉之粟、阻塞成皋之險（也就是回到楚漢相爭的情勢）。那樣的話，勝負未定。」

「何謂下計？」

「向東攻吳，向西取下蔡，將重寶移置越地（大後方），自己則回到長沙。那樣的話，陛下就可以高枕無憂了。」

劉邦問：「那你研判英布會採取哪一計？」

「他會採取下計。」

「為什麼不用上、中計，而用下計？」

薛公說：「英布出身驪山徒，他的一切作為都是為自己，不是為百姓、也不為後代子孫著想，所以只可能採取下計。」

【原典精華】

薛公對曰：「布反不足怪①也。使布出於上計，山東非漢之有也；出於中計，勝敗之數未可知也；出於下計，陛下安枕而臥矣。」

上曰：「何謂上計？」

令尹對曰：「東取吳，西取楚，并齊取魯，傳檄燕、趙，固守其所，山東非漢之有也。」

「何謂中計？」

「東取吳，西取楚，并韓取魏，據敖倉之粟，塞成皋之口②，勝敗之數未可知也。」

「何謂下計？」

①不足怪：不足為奇。

②成皋就是後來的虎牢關，地形險要，「塞其口」是象形說法。

「東取吳，西取下蔡，歸重③於越，身歸長沙，陛下安枕而臥，漢無事矣。」

上曰：「是計將安出？」

令尹對曰：「出下計。」

上曰：「何謂廢上中計而出下計？」

令尹曰：「布故麗山④之徒也，自致萬乘之主，此皆為身，不顧后為百姓萬世慮者也，故曰出下計。」

——《史記・黥布列傳》

英布果然採取下策，可是如果派次等將領去，仍然不是英布對手。而劉邦的身體狀況也確實不佳，那怎麼辦？

③歸：移置。重：寶物。

④麗山：驪山。

86、呂后淚水

劉邦在英布起兵之前，已經臥病在床，下令不准任何人進入寢宮，連周勃、灌嬰這些沛縣老兄弟都被擋駕。

十數日之後，樊噲忍不住了，推開守衛（跟他在鴻門宴闖進宴會帳一樣），直闖榻前，群臣跟在後面進去，但見劉邦枕在一個太監身上睡覺。

樊噲忍不住流下淚來，說：「陛下當初跟我們這批人自豐、沛起義打天下，何等英武？如今天下已經一統，卻如此萎靡！陛下病重，群臣惶惶不安，陛下不召集我等交代大事，難道只跟一個太監訣別嗎？你莫非忘了趙高的前車之鑑？」

樊噲的口氣，是劉邦不久人世了。

劉邦雖然病得很重，但所有的獨裁者都不能讓手下認為他快死了，因此哈哈一笑，即刻起床。

【原典精華】

先黥布反時，高祖嘗病甚，惡見人，臥禁中，詔戶者①無得入群臣。群臣絳、灌等莫敢入。十餘日，噲乃排闥②直入，大臣隨之。上獨枕一宦者臥。噲等見上流涕曰：「始陛下與臣等起豐沛，定天下，何其壯也！今天下已定，又何憊也！且陛下病甚，大臣震恐，不見臣等計事，顧③獨與一宦者絕④乎？且陛下獨不見趙高之事乎？」高帝笑而起。

——《史記．樊酈滕灌列傳》

然而，他的病情確是不輕，乃有意讓太子劉盈領兵討伐英布。

太子有四位高級顧問，討論之後認為：「太子領兵出征，只怕危險了。」於是去對呂后的弟弟建成侯呂澤說：「太子領兵出征，功勞再大也不能增加什麼，萬一失敗，災禍就此臨頭。再加上，與太子一同出征的都是跟陛下一同打天下的梟將，他們都看著太子穿開襠褲長大，個個都是長輩嘴臉。讓太子帶領這批將領出征，那跟綿羊帶領群狼有啥兩樣？

一日指揮不動，肯定無功而返。」四人建議，請呂后用淚水攻勢勸劉邦改變決定。

呂澤當天晚上進宮見呂后，呂后依言向劉邦哭訴，將四人的話重複一遍。

劉邦拗不過老婆的淚水攻勢，說：「好了，好了！其實我早就知道這小子辦不了大事，還是你老子自己去吧！」

【原典精華】

黥布反，上病，欲使太子將，往擊之。四人相謂曰：「凡來者⑤，將以存⑥太子。太子將兵，事危矣。」

乃說建成侯曰：「太子將⑦兵，有功則位不益太子；無功還，則從此受禍矣。且

①戶者：看門官員。
②排：用兩手推開。闥：音「踏」，門戶。
③顧：難道。
④絕：訣別。
⑤凡來者：我們來此的目的。
⑥存：保全。

太子所與俱諸將，皆嘗與上定天下梟將也，今使太子將之，此無異使羊將⑦狼也，皆不肯為盡力，其無功必矣。」

……

上曰：「吾惟豎子固不足遣，而公⑧自行耳。」

——《史記．留侯世家》

於是，劉邦抱病出征。朝中大臣齊集霸上送行，留侯張良有病在身，仍勉強起床送行。

張良對劉邦說：「陛下出征，我理當隨行，怎奈病重，不能如願。楚軍（英布）的優點是機動性強，作戰剽悍，請陛下盡量避免跟對方正面決戰。」同時建議給太子一個將軍職銜，可以統御關中軍隊。

劉邦說：「子房，你雖然有病，仍請你躺在家裡輔佐我的兒子。」

⑦將：讀音「降」，領兵出征。
⑧而：同「爾」，你。而公：你老子。

87、大風起兮雲飛揚

劉邦與英布在蘄縣（今安徽省宿縣）西郊對上，聽從張良的建議，固守營寨，不與英布野戰。劉邦從營柵上望去，英布的布陣與項羽彷彿相似，心裡很不舒服。

英布出陣邀戰，兩人遙遙相望，劉邦問：「你何苦造反？當個淮南王不好嗎？」

英布說：「可是我現在想當皇帝啊。」

劉邦聞言，破口大罵，下令出兵攻擊。兩軍大戰，英布敗走。渡過淮水後，布陣再戰，再敗；再撤退，布陣，再戰，又敗；數次之後，全軍潰敗。英布只帶了一百多名親兵，逃向長江以南。後來遭小舅子長沙王吳臣出賣，在投宿民家時被襲殺。

征討英布班師回朝，途中經過沛縣老家，以當年起義的縣署為行宮，召集當年老朋友以及地方父老子弟，一齊放縱飲酒。劉邦召集一百二十位年輕人教他們合唱親自作詞的〈大風歌〉：「大風起兮雲飛揚，威加海內兮歸故鄉，安得猛士兮守四方！」

唱完〈大風歌〉，劉邦宣布沛縣為天子的湯沐邑，世世代代免稅。與家鄉父老痛飲十數日，劉邦說：「我帶來人馬太多，父老們供應不起。」於是離去。沛縣人民踴躍送皇帝出城，城內為之一空，劉邦又在城外停下來，設帷帳，飲酒三天。沛縣父老叩首請求：「沛縣有幸得免賦稅，可是豐邑仍未得免，請陛下推恩。」劉邦說：「豐邑其實是我生長的地方，我最不能忘。之所以沒有免其賦稅，只是因為雍齒當年曾經據守豐邑，投靠魏王而背叛我的緣故。」禁不住沛縣父老一再請求，劉邦終於也免了豐邑的賦稅——比照沛縣，永久免賦稅。

【原典精華】

高祖還歸，過沛，留。置酒沛宮，悉召故人父老子弟縱酒，發①沛中兒②得百二十人，教之歌。酒酣，高祖擊筑③，自為歌詩曰：「大風起兮雲飛揚，威加海內兮歸故鄉，安得猛士兮守四方！」

……

高祖復留止，張飲三日。沛父兄皆頓首曰：「沛幸得復，豐未復，唯陛下哀憐之。」高祖曰：「豐吾所生長，極不忘耳，吾特為其以雍齒故反我為魏。」沛父兄固請，乃並復④豐，比沛。

——《史記・高祖本紀》

①發：召集。
②兒：年輕人。
③筑：古樂器，形似琴，用竹片彈弦。
④復：免賦稅。

88、商山四皓

討伐英布歸來，劉邦急著想做一件事情：更換太子。

太子劉盈是劉邦與呂雉唯一的兒子，可是性格闇弱。劉邦有一個寵姬戚夫人，戚夫人生了個兒子劉如意封為趙王。

劉邦最在意的是帝國綿祚，他覺得劉如意比較能夠撐持大局，所以一直想要廢掉太子，但是好幾次都因大臣力諫而不成。

呂后既恨劉如意「搶」了女婿張敖的趙王王位，又恨戚夫人「奪床」，當然對兒子的「太子保衛戰」全力卯上。

有人向呂后建議：「留侯張良最足智多謀，而且皇帝最信任他，可以拜託他出出主意。」

呂后於是透過哥哥建成侯呂澤遊說張良。

上曰：「煩公幸卒⑥調護太子。」

四人為壽已畢，趨去。上目送之，召戚夫人指示四人者曰：「我欲易之，彼四人輔之，羽翼已成，難動矣。呂后真而⑦主矣。」

戚夫人泣，上曰：「為我楚舞，吾為若楚歌。」歌曰：「鴻鵠高飛，一舉千里。羽翮已就，橫絕四海。橫絕四海，當可奈何！雖有矰繳⑧，尚安所施！」

——《史記．留侯世家》

劉盈的太子就此保住，可是「導演」張良之前就因為長時間「辟穀」而身體虛弱。呂后感謝張良為她畫策保住了太子（也保住了自己的皇后地位），乃強令張良進食，說：「人生在世，時光如駿馬馳過一道縫隙那樣飛逝，何苦虐待自己到如此地步！」張良這才恢復進食。

③須：同「鬚」，借用字。
④辟：避。
⑤延頸：伸長脖子，形容渴望的姿態。
⑥卒：終，貫徹始終。
⑦而：爾。
⑧矰繳：射箭。意謂「太子已經一飛千里，射不下來了」。

【原典精華】

呂后德⑨留侯，乃彊食之，曰：「人生一世閒⑩，如白駒過隙，何至自苦如此乎！」留侯不得已，彊聽而食。

——《史記．留侯世家》

⑨德：感激。
⑩閒：間。

89、蕭何自污

張良以「不食人間煙火」祛除劉邦對他的戒心，另一位功高震主的是蕭何。

劉邦的天下可以說蕭何居功厥偉。

最早在沛縣時，蕭何是縣政府的主吏，常常迴護劉邦。劉邦帶刑徒去驪山出勞役，縣府同仁出錢相助，大家都出三百錢，蕭何出五百。

陳勝、吳廣起義，最初向沛縣縣令推薦「劉季有群眾」的是蕭何、曹參，沛縣人民殺縣令後，擁戴劉邦的也是蕭何、曹參。

沛公入關，諸將爭搶金帛財物，只有蕭何進入秦國丞相府，蒐集所有律令圖籍，成為後來漢王爭天下時，瞭解天下地形、戶口、賦稅的基礎。自此，蕭何與曹參乃分出了高下：曹參是武將之一，蕭何則成為丞相。

劉邦從平城脫險回到長安，蕭何興建的未央宮剛好落成，包括東殿（太子宮）與北殿

（正殿），還有前殿、武庫（兵器庫）、太倉（糧食），壯麗豪華。

劉邦對蕭何大發脾氣，說：「天下紛擾尚未平定，連年苦於戰亂，成敗仍不可知，你為什麼花大把銀子興建如此奢華的宮殿！」

蕭何說：「就是因為天下未定，所以必須營建宮殿。況且天子擁有四海，所居宮殿非壯麗不足以展現威儀。而且一次建到最壯麗，也有不讓後世再花費在這方面的用意。」

【原典精華】

蕭丞相營作未央宮，立東闕、北闕、前殿、武庫、太倉。高祖還，見宮闕壯甚，怒，謂蕭何曰：「天下匈匈①苦戰數歲，成敗未可知，是何治宮室過度也？」

蕭何曰：「天下方未定，故可因遂就宮室。且夫天子四海為家，非壯麗無以重威，且無令後世有以加也。」高祖乃說②。

——《史記・高祖本紀》

劉邦聽了這番說詞，才平息怒火。

然而，蕭何卻是在劉邦當上皇帝之後，首次見識到什麼叫做「天威莫測」，從此特別謹慎小心。

蕭何配合呂后誅殺韓信，劉邦為蕭何加官進爵：官位升為相國，封邑增加五千戶，相國府配置五百名守衛。

長安群臣、諸將都向蕭何道賀，唯獨召平向他表示「哀悼」。這位召平是從前秦國的東陵侯，秦國滅亡後，在長安城東種瓜。他種出來的瓜非常甜美，世稱「東陵瓜」。

召平對蕭何說：「閣下的災禍自此開始了。皇帝在外打仗，而閣下守衛京師，既沒有戰功，卻仍加官加封邑加衛士，這是因為韓信謀反事件，而對閣下疑心的表現。你以為加派衛士是恩寵嗎？是防衛你啊！建議你推辭加封的食邑，並且捐出私人財產幫助軍費，就能消除皇帝猜忌之心。」

蕭何採納這項建議，果然劉邦大喜。

---

①匈匈：洶洶，形容動盪。

②說：同「悅」，借用字。

【原典精華】

召平謂相國曰：「禍自此始矣。上暴露③於外，而君守於中④，非被矢石⑤之事而益君封置衛者，以今者淮陰侯新反於中④，疑君心矣。夫置衛衛君，非以寵君也。願君讓⑥封勿受，悉以家財佐軍，則上心說⑦。」相國從其計，高帝乃大喜。

——《史記．蕭相國世家》

英布造反，劉邦御駕親征，雖然戎馬倥傯，仍一再派使者回長安，查探「相國在做什麼？」。

蕭何一方面捐輸自己的俸祿，一方面用心行政，讓關中百姓在供應戰爭的同時，仍得以安居樂業。

相國府的賓客中，有人進言：「閣下即將遭到滅族的災禍了。要曉得，你的官位是相國，爵位又排第一，還有什麼可以往上加的嗎？問題在於，閣下在關中十多年，深得關中人心，皇上一再派使者回來查探，並不是嫌你不努力行政，而是擔心你顛覆他的大本營啊！你何不多買一些田地，並向人民借低利貸，讓自己有一些污點，皇上才會心安。」

這番話，蕭何聽進去了，照著做。劉邦在前線獲報「蕭相國貪財買地」，反而龍心大悅。

劉邦征討英布回到長安，有老百姓攔路上書，陳訴蕭相國以賤價強買人民田宅達數千萬錢。蕭何在宮門恭迎劉邦，劉邦笑著說：「身為相國怎麼還與民爭利呢？」將人民的陳情書交給蕭何，說：「你自己去向人民道歉！」

劉邦如果不喜歡相國貪污，正好藉此將蕭何入罪；如果支持蕭何貪污，那就將陳情人下獄，以示對蕭何恩寵；可皆不是。因此他的態度很清楚：你不得民心了，很好。我已經瞭解你的用心良苦，不必再做作了，趕快彌補老百姓吧！

可是蕭何的頭腦沒那麼複雜，以為皇帝是「不要與人民爭土地」的意思，所以順勢為

③暴露：在外征戰，暴露於日曬雨淋之下。
④中：京城。
⑤被矢石：冒流箭飛石之險。
⑥讓：推辭。
⑦說：悅，借用字。

民請命，說：「長安人口滋繁，土地不夠用。上林苑（皇家狩獵場）有很多空地閒置，請求准許人民進去耕作，粟米歸人民，禾稈供養苑內禽獸。」

這下子引致劉邦大怒，說：「相國自己收受商人財物炒地皮，居然主意打到我的狩獵場來了。」下令將蕭何發交廷尉，關入監牢。

過了幾天，有一個姓王的侍衛軍官向皇帝進言：「為人民請命是宰相職責，陛下怎麼會懷疑相國收受商人賄賂呢？陛下與楚國對抗，征討陳豨、英布時，相國如果造反，關中早就不是陛下所有了。相國當時不貪圖大位，如今難道會貪圖小利嗎？」

劉邦聽了，滿臉不高興。當天就正式派使者持節（皇帝信物）去監牢赦免相國。蕭何年歲已老，仍赤著腳入宮謝恩。

劉邦說：「相國免禮了！你為人民請命，我不准，我於是成為桀紂一樣的君主，而你卻是人民心目中的賢相。我是故意將你下獄，讓老百姓看清楚我的罪過。」

【原典精華】

客有說相國曰：「君滅族不久矣。夫君位為相國，功第一，可復加哉？然君初入關中，得百姓心，十餘年矣，皆附⑧君，常復孳孳⑨得民和。上所為數問君者，畏君傾動⑩關中。今君胡不⑪多買田地，賤貰⑫貸以自污？上心乃安。」於是相國從其計，上乃大說。

上罷布軍歸，民道遮行⑬上書，言相國賤彊買民田宅數千萬。上至，相國謁。上笑曰：「夫相國乃利民⑭！」民所上書皆以與相國，曰：「君自謝⑮民。」

相國因為民請曰：「長安地狹，上林中多空地，棄，願令民得入田，毋收稿為禽獸食。」

上大怒曰：「相國多受賈人財物，乃為請吾苑！」乃下相國廷尉，械繫之。

⑧附：親近。
⑨孳：音「資」。孳孳：孜孜，勤勉。
⑩傾：倒。動：動盪。傾動：顛覆。
⑪胡不：何不。
⑫貰：音「是」，暫賒。
⑬道遮行：在路上擋住（皇帝）行列。
⑭利民：此處做「與民爭利」解。
⑮謝：謝罪。

……

是日，使使持節赦出相國。相國年老，素恭謹，入，徒跣⑯謝。高帝曰：「相國休矣！相國為民請苑，吾不許，我不過為桀紂主，而相國為賢相。吾故繫⑰相國，欲令百姓聞吾過也。」

——《史記．蕭相國世家》

蕭何必須自污以求保命，沒辦法，伴君如伴虎啊！

⑯徒：徒步。跣：音「顯」，光腳。
⑰繫：下獄。

90、帝國後事

劉邦必須「被矢石」親自平亂，其風險就在矢石不認你皇帝。

劉邦在親征英布時受了箭傷，歸途中傷勢發作，相當嚴重。回到長安，呂后找來良醫，入寢宮看診。

劉邦問：「情況如何？」

醫生說：「沒問題，有把握治好。」

劉邦聞言，突然變臉，大罵：「老子以一個老百姓，提三尺劍取得天下，這難道不是天命嗎？我的命既然繫於上天，縱使扁鵲來治病，又豈能改變天意！」乃不許醫生治病，賜他五十金，打發走路。

過一會兒，呂后等劉邦氣平了，問：「陛下百歲以後（指過世），蕭相國如果死了，誰能接替相國重任？」

劉邦說：「曹參可以。」

「曹參之後呢？」

「王陵可以。但王陵稍微憨直了一些，處理事情不夠靈活，陳平可以幫他忙。陳平小聰明很多，可是不能獨當一面。周勃為人寬厚自重，不做表面工夫，可是將來穩定咱們劉氏天下的，必定是周勃，可以讓他擔任太尉（掌軍事）。」

呂后再問其次。劉邦說：「再往後，妳也管不到了。」

【原典精華】

高祖擊布時，為流矢所中，行道病。病甚，呂后迎良醫，醫入見，高祖問醫，醫曰：「病可治。」

於是高祖嫚罵之曰：「吾以布衣提三尺劍取天下，此非天命乎？命乃在天，雖扁鵲①何益！」遂不使治病，賜金五十斤罷之。

已而呂后問：「陛下百歲後，蕭相國即死②，令誰代之？」

上曰：「曹參可。」

問其次，上曰：「王陵可。然陵少③憨，陳平可以助之。陳平智有餘，然難以獨任。周勃重厚少③文④，然安劉氏者必勃也，可令為太尉。」

呂后復問其次，上曰：「此后⑤亦非而⑥所知也。」

——《史記·高祖本紀》

交代完後事不久，漢高祖劉邦就駕崩了。

劉邦與呂雉真是一對相知的配偶。呂雉知道，劉邦放棄醫治，必定對身後事已經胸有成竹，所以開門見山問後事，毫不忌諱。而劉邦知道，太子劉盈軟弱，必定是呂后柄政，所以交代的都是沛縣老幹部，陳平是唯一例外。而後來誅除諸呂、安定劉氏政權的，果然是陳平與周勃。

①扁鵲：傳說中的古代神醫，可以生死人而肉白骨。
②即死：一旦死亡。
③前一個「少」是「稍」的意思，後一個「少」是「不」的意思。
④文：文飾，表面工夫。
⑤后：同「後」。
⑥而：爾。

91、盧綰

漢高祖劉邦死了，可是有一個人還在長城邊上苦等，希望他能病癒。

這個人名叫盧綰，他是劉邦的幼時玩伴，兩人關係真不是普通：雙方父親是好朋友，而且同一天生下男孩，一同長大、一同學書，感情好得沒話說。

劉邦年輕時經常闖禍，闖了禍就躲避到山澤之中，盧綰總是跟著一同上山下澤。沛縣起義後，盧綰當然一路追隨，也一路升官：在漢中時為將軍，與項羽對戰時為太尉（相當國防部長）。

官位升級不足以形容盧綰與劉邦的親近：他得以進出寢室，收到的飲食賞賜更不是其他人有得比的。蕭何、曹參在功臣當中受到最大的禮遇，但是群臣都知道，最親近大老闆的是盧綰——盧綰封爵的名號是「長安侯」！當然不可能將京城作為他的封邑，事實上也沒有封邑，但卻意味著恩寵非凡。

項羽敗亡後，盧綰隨劉邦平定燕國，於是封盧綰為燕王，當時非劉姓的異姓諸王，連盧綰一共八位。陳豨造反，劉邦自邯鄲出擊，盧綰自東北面出兵夾擊。陳豨派人向匈奴求援，盧綰也派張勝出使匈奴。

之前被漢軍擊斬的燕王臧荼的兒子臧衍正流亡在匈奴，他去見張勝，說：「閣下能受到燕王倚重，是由於熟悉匈奴；而燕王仍能久存，是因為諸侯一個個造反，軍事沒休息過。如今若燕王急著消滅陳豨，陳豨滅了，下一個就是燕國，而閣下也將不免。閣下何不勸燕王放緩攻勢，並且與匈奴和好。局勢和緩則可以長久在燕國當王，即使漢帝國對燕國用兵，還可以與陳豨、匈奴聯合，而保有燕國。」

【原典精華】

張勝至胡，故燕王臧荼子衍出亡在胡，見張勝曰：「公所以重於燕者，以習胡事也。燕所以久存者，以諸侯數反，兵連不決①也。今公為燕欲急滅豨等，豨等已盡，

①不決：不絕。

次亦至燕，公等亦為虜矣。公何不令燕且緩陳豨，而與胡和。事寬，得長王燕；即有漢急，可以安國。」

——《史記・韓信盧綰列傳》

張勝認為臧衍的話不無道理，於是暗示匈奴出兵助陳豨。

盧綰懷疑張勝靠向匈奴，上書請求將張勝全族誅殺。等到張勝回來，向盧綰說明為什麼，盧綰頓時領悟，於是再上書改稱是其他人謀反，為張勝全族開脫，讓張勝安心從事聯絡匈奴的工作。同時派使者去陳豨那裡，鼓勵他繼續造反。

等到樊噲擊斬陳豨，陳豨的部將投降，供出盧綰與陳豨私通。劉邦不敢相信這位同年同月同日生的老朋友會背叛自己，派出使節召喚盧綰，可是盧綰稱病不入朝。劉邦再派辟陽侯審食其、御史大夫趙堯去迎接燕王，並且查問燕王左右近臣。

盧綰陷入恐慌，將自己禁閉在宮中，對左右親信說：「非劉姓的異姓王只剩下我跟長沙王吳芮了。這兩年連續殺韓信、彭越（當時英布還沒反）都是呂后的計謀。皇帝健康狀況不佳，呂后藉機攬權，並且誅殺異姓王。」

審食其將情況報告皇帝，劉邦大怒，恰巧匈奴降將也證實張勝出使匈奴。劉邦這才相信：「連盧綰也背叛我了！」

劉邦命令樊噲攻擊燕國，盧綰將宮人、家屬移到長城下，聚集數千騎兵保護。在長城下幹嘛？在等待機會：如果劉邦病癒，他將親自入京請罪。

可是劉邦卻一病不起，盧綰於是帶領部眾、家人，出塞投靠匈奴。

92、逐鹿餘塵

劉邦箭傷嚴重時，有人誣陷樊噲，說樊噲是呂后一黨，只等劉邦駕崩，就要誅殺趙王劉如意。

樊噲是劉邦的老兄弟，情同骨肉，為了劉邦，水裡來、火裡去。但他同時也是劉邦的連襟——娶了呂雉的妹妹呂須，既然是呂后的妹夫，將來若呂后要對趙國用兵，樊噲當然是大將的優先人選，這項指控乃有其可信度。

劉邦最寵愛劉如意，雖不能立他為太子，卻絕不願在他身後，劉如意會遭到任何不測，因而為之暴怒，在病榻上找來陳平（緊急時找陳平已是劉邦的唯一選擇），問他該怎麼辦。

陳平獻上一策，劉邦依計而行，召來周勃，在病榻前親自下令：「你們兩個乘著驛車，火速前往燕代前線，由周勃接替樊噲的總司令，陳平在軍中將樊噲就地斬殺。」

陳平和周勃兩人在途中商議：「樊噲是皇上老兄弟，功勞又大，更是呂后的妹夫，既是親貴，地位又崇隆。皇上現在氣頭上要殺他，誰曉得將來會不會反悔？那時又會將怒氣發在咱倆頭上。不如我們把樊噲押回長安，由皇上自己處理。」

到了前線軍營，在高臺上以皇帝符節召見樊噲。樊噲看見詔書，二話不說，把雙手伸到背後，聽由綑綁，載進囚車，直送長安，軍權則交付周勃。

【原典精華】

二人既受詔，馳傳，未至軍，行計之曰：「樊噲，帝之故人也，功多；且又呂后弟呂須之夫，有親且貴。帝以忿怒故欲斬之，則恐後悔；寧囚而致上，自誅之。」

——《資治通鑑．漢紀四》

陳平回程途中接到高祖崩殂的消息，大為恐慌。因為現在長安肯定是呂后當家，只要呂須向姊姊哭訴，他的腦袋只怕不保。於是他採取了緊急措施，本人十萬火急比驛車先到長安。剛好呂后派出使者，詔令陳平與灌嬰屯駐滎陽，陳平接詔，但不上任，卻馳入宮中，在劉邦靈柩前慟哭。

見到呂后，以悲傷的態度堅持請求在宮中守靈，呂后答應了，任命他為郎中令，負責教導惠帝。

由於人在宮中，呂須乃沒機會對陳平「打針下藥」。而樊噲安全回到長安後，狀況當然就解除了。

逐鹿大戲至此落幕，剩下沒死的逐鹿英豪都得享天年。大漢帝國蕭規曹隨，國祚綿延二百年。

後記

秦始皇對「統一大帝國」的規劃，今天看起來還真是「順天應人」，亦即完全符合時代需要。可是他建立的帝國只維持了十五年，很重要的一個原因，是他將「天下太平」看得太簡單了。

盡收天下兵器，就不能造反了；遷六國豪傑至咸陽，就沒有人帶頭造反了；隳壞（六國為國防需要而建的）城郭、夷平險阻，造反的人就無險可守了。

結果呢？沒有兵器，人民揭竿而起；沒有豪族，驪山徒成為造反主力；甚至郡守縣令帶頭起義，（為統治而建的）城郭反而「資匪」。

把「天下太平」看得更簡單的是項羽。他燒了秦國宮殿，大封諸侯，然後就不管了！他難道以為天下可以就此回到戰國時代的舊秩序嗎？他後來親自東征西討、疲於奔命，用文言文講是「故所宜也」，用白話文就叫「活該」！

劉邦即使不是天縱英明，可是他汲取了秦始皇和項羽的教訓。自垓下勝利之後，一點時間都沒有浪費，全副精神都用在「消滅帝國的不安因子」上頭，此所以西漢帝國可以綿祚二百年。

然而，劉邦誅殺功臣仍然招致後人非議，劉邦多次「懶驢打滾」也讓人瞧不起，多數人認為項羽才夠英雄氣概，而劉邦是癟三。並以劉項故事倡言「莫以成敗論英雄」。

可是，英雄又該如何定義呢？

項羽百戰百勝稱得上英雄，可是他對消弭戰爭可以說一點貢獻也沒有。人們崇拜英雄，然而「一將功成萬骨枯」值得推崇嗎？

韓信也百戰百勝，可是他當初甘受胯下之辱之時，是怯？還是勇？他兩次被劉邦奪兵權，兩次被削爵位，最終被騙受誅，是智？還是愚？

田橫堅持不肯臣服劉邦，寧可自殺，不願封侯；貫高堅持死忠於張敖，暗殺劉邦不成，自己忍受酷刑以保護張敖。他倆的堅持，是可敬？還是可悲？

一個大時代，一個風雲變幻的大時代，總是會出現那麼多英雄人物，英雄總是會被浪花淘盡。可是，是非成敗卻不是空，而是成為後人的借鑑。

國家圖書館出版品預行編目資料

大對決：秦末真假英雄的權謀與爭霸 / 公孫策著
-- 初版. -- 臺北市：商周出版：家庭傳媒城邦分
公司發行, 2012. 10
面； 公分. -- (ViewPoint；58)
ISBN 978-986-272-272-5(平裝)

1.中國史 2.歷史故事

610.9 101021096

ViewPoint 58

大對決——秦末真假英雄的權謀與爭霸

作　　者／公孫策
企畫選書／黃靖卉
責任編輯／林淑華

版　　權／黃淑敏、翁靜如
行銷業務／莊英傑、周佑潔、黃崇華、張媖茜
總 編 輯／黃靖卉
總 經 理／彭之琬
事業群總經理／黃淑貞
發 行 人／何飛鵬
法律顧問／元禾法律事務所王子文律師
出　　版／商周出版
台北市104民生東路二段141號9樓
電話：(02) 25007008　傳真：(02)25007759
E-mail：bwp.service@cite.com.tw
發　　行／英屬蓋曼群島商家庭傳媒股份有限公司城邦分公司
台北市中山區民生東路二段141號2樓
書虫客服服務專線：02-25007718；25007719
服務時間：週一至週五上午09:30-12:00；下午13:30-17:00
24小時傳真專線：02-25001990；25001991
劃撥帳號：19863813；戶名：書虫股份有限公司
讀者服務信箱：service@readingclub.com.tw
城邦讀書花園 www.cite.com.tw
香港發行所／城邦（香港）出版集團
香港灣仔駱克道193號東超商業中心1樓_ E-mail : hkcite@biznetvigator.com
電話：(852) 25086231　傳真：(852) 25789337
馬新發行所／城邦（馬新）出版集團【Cite (M) Sdn Bhd】
41, Jalan Radin Anum, Bandar Baru Sri Petaling, 57000 Kuala Lumpur, Malaysia.
電話：(603) 90578822　傳真：(603) 90576622

封面設計／許晉維
版面設計／洪菁穗
內頁地圖／施啟元
內頁排版／林曉涵
印　　刷／前進彩藝有限公司
經 銷 商／聯合發行股份有限公司 電話：(02) 29178022　傳真：(02) 29110053

■2012年10月30日初版
■2019年8月22日初版5刷
Printed in Taiwan

定價350元

城邦讀書花園
www.cite.com.tw

 ISBN 978-986-272-272-5

商周出版

廣	告	回	函
北區郵政管理登記證			
北臺字第**000791**號			
郵資已付，免貼郵票			

104 台北市民生東路二段141號2樓

英屬蓋曼群島商家庭傳媒股份有限公司城邦分公司 收

請沿虛線對摺，謝謝！

商周出版

書號：**BU3058**	書名：大對決	編碼：

請於此處用膠水黏貼

商周出版

讀者回函卡

謝謝您購買我們出版的書籍！請費心填寫此回函卡，我們將不定期寄上城邦集團最新的出版訊息。

姓名：________________

性別：□男　□女

生日：西元________年________月________日

地址：________________

聯絡電話：________________ 傳真：________________

E-mail：________________

職業：□1.學生 □2.軍公教 □3.服務 □4.金融 □5.製造 □6.資訊
□7.傳播 □8.自由業 □9.農漁牧 □10.家管 □11.退休
□12.其他________________

您從何種方式得知本書消息?

□1.書店□2.網路□3.報紙□4.雜誌□5.廣播 □6.電視 □7.親友推薦
□8.其他________________

您通常以何種方式購書?

□1.書店□2.網路□3.傳真訂購□4.郵局劃撥 □5.其他________

您喜歡閱讀哪些類別的書籍?

□1.財經商業□2.自然科學 □3.歷史□4.法律□5.文學□6.休閒旅遊
□7.小說□8.人物傳記□9.生活、勵志□10.其他________

對我們的建議：

____

____

____

____

請於此處用膠水黏貼